떠나면   달라질까

이슬기 지음

'배낭여행, 세계일주, 워홀, 제주살이

끝없이 떠났던 한 사람의 길 위에 기록'

FOREST
WHALE

목 차

[프롤로그] 미움이 보낸 여행   06

제1장 순수한 방랑자

착한 딸 콤플렉스	14
질문 하나, 클릭 한 번	21
이곳에서는 너무 쉬운 달콤함	27
무계획이 계획인 사람들의 여행	34
오늘은 스쿰빗 주민처럼	40
올드 타운의 기억	44
갖고 싶었던 마음	50

제2장 방랑의 민낯을 알아버린 여행자

이별의 순기능	60
여행자의 또 다른 말	67
호루라기 그리고 아빠	72
여행 속 첫사랑	77

훈자에서 받은 따뜻한 공격	84
사모사 할아버지	93
베나울림에서의 하루	99
날 닮은 사람	106
내 여행의 방해꾼	115

제3장 여행자가 아닌 호주 생활자

여행자가 아닌 생활자	126
경험주의자의 선택	132
세상에서 가장 익숙한 실루엣	140
맨땅에 헤딩	148
이건 드라마 속 장면 아닌가요	154
드디어 열린 문	162
내 임금을 받아낼 사람	166
산 넘어 산	172
봄은 온다	178
검은색의 삶	182
퍼스, 참을 수 없는 아쉬움과 그리움	186

제4장 돌고 돌아 제주 이방인

너무 열심히 살아서	192
떠나지 못해서 찾은 꿈	198
제주가 잘 어울리는 사람	202
이름을 붙여주고 싶은 날	207
남겨진 사람, 떠나는 사람	211
제주에 속절없이 붙잡혔다.	217
제주도 남자	223
제주, 그리고 외로움	229
가장 기다렸던 사람에게	234
가장 듣고 싶었던 말	234
이만하면 됐다	242
나의 제주 시절	247

제5장 머물지 못하는 정착자

그리움 공식	256
결국 제 자리	260
정착이라는 도전	267
길 잃은 역마살	271
끝을 아는 영화, 끝이 보이는 사랑	275
내가 찾은 열쇠	281
떠나서 알게 된 것들	285
[에필로그] 나의 무대	287

[프롤로그] 미움이 보낸 여행

'배낭여행, 세계여행, 워킹 홀리데이, 제주살이'

이 단어들은 모두 나를 수식하는 것들이다.

20대부터 30대까지, 나는 10년 내내 낯선 곳으로 떠났다. 나의 이러한 이야기를 들은 사람들은 나를 떠올리면 '겁 없는 모험가'의 이미지가 생각난다고 했다. 하지만 실제로 나를 알거나 여행 중 만난 사람들은 하나같이 이렇게 말했다.

"어떻게... 겁이 이렇게 많은 사람이 혼자 여행을 다닌 거야..?"

맞다. 나는 겁이 무척 많다. 모두들 귀여워서 어쩔 줄 모르는 인형같이 생긴 강아지가 저 멀리 보이면 먼 길로 돌아가고, 바람에 휘날려 '부스럭' 거리는 비닐봉지 소리에 심장을 부여잡고 놀란다. 게다가 어렸을 때부터 아빠에게 안전제일을 귀에 새겨지도록 교육받은 덕분에 돌다리도 여러 개의 지팡이로 두드리고 건너는 조심성 최고 레벨을 가지게 됐다.

 이런 내가 어떤 계기로, 어떤 용기로 그 오랜 시간 세계 방방곡곡을 혼자 떠돌았을까. 처음에는 단지 여행이 궁금했고, 좋았다. 여행의 이유가 여행 그 자체인 순수한 마음 하나로 떠났다. 그다음에 이어진 여행들은 그다지 순수하지 않은 마음으로 떠났다. 돌아보면 그때 내 마음에는 '용기'라는 빛나는 단어보다 '미움'이라는 뾰족한 단어가 더욱 잘 어울린다.

 10대 후반부터 나는 나를 지독히 미워했다. 그 이유는 셀 수 없이 많았다. 특히 그 미움은 재수 실패 후, 극에 달하게 된다. 당시 인생의 전부이던 대학교 입시를 두 번이나 실패했다. 떨어진 수능 등급은 꼭 나란 사람에게 매겨진 등급 같았다. 그때 나는 내가 다니는 대학교도, 지내던 지역도, 그때의 나 자신도 모두 다 미워했다.

그런데 나를 미워하는 것도 오래 하니 지쳤다. 이제 그만 나를 미워하고 싶었다. 내가 나를 좋아할 수 있도록 뭔가를 바꾸고 싶었다. 대학교를 다니는 내내 고민했다. 어떤 것을 바꿔야 나를 좋아할 수 있을까. 내가 찾은 답은 직업이었다. 내가 보기에 멋있는 직업을 가진다면, 나는 나를 좋아할 수 있을 거라고 생각했다.

대학교 4학년 졸업생인 나에게 멋있는 사람은 조금 색달랐다. 바로 '여행자'였다. 이유는 정확히 모르겠다. 지리 선생님이던 엄마의 영향 때문이었을까. 어렸을 때부터 집에는 늘 지도책이 펼쳐져 있고, TV는 '걸어서 세계 속으로', '세계 테마 기행'이 틀어져 있었다. 의도하지 않은 조기교육 덕분에 어렸을 때부터 난 낯선 곳을, 그곳을 가는 사람을 동경했다.

내 마음에는 어느새 여행자의 씨앗에 싹이 나고 있었다. 그때부터 여행기, 여행 블로그를 모조리 찾아 읽었다. 가수가 꿈인 사람에게 가장 멋있어 보이는 사람은 무대 위에서 노래하는 가수이듯, 나는 낯선 땅 위를 방랑하며 글 쓰는 여행자가 가장 멋져 보였다. 내 눈에 멋져 보이는 사람과 그 일을 드디어 찾은 것이다.

겁쟁이인 나를 떠나게 한 것은 용기도, 꿈도, 희망도 아니었다.
오직 미움뿐이었다.
나를 그만 미워하고 싶었다.
나를 진정 좋아하고 싶었다.
떠나면 뭐 하나는 달라질 것이라 믿었다.

그렇게 나는 10년 동안 떠나고, 돌아오고, 다시 떠난 것이다. 길었던 방랑을 잠시 끝내고 제법 정착자처럼 살고 있는 요즘, 나에게 물어본다.

'난 정말 달라졌을까?'
'내가 찾은 것은 무엇일까?'

글쎄. 쉽게 답하기는 어렵다. 미안하지만 나는 이 여정을 함께할 이들에게 "무조건 떠나세요. 떠나서 저는 꿈과 사랑을 찾았어요."라고 말하지 못하겠다. 여행이 내게만 야박한 건지 모르겠다. 나에게 여행은 등가교환의 법칙을 철저히 적용했다.

찾은 것이 있고, 잃은 것이 있다.
웃었고, 울었다.
행복했고, 슬펐다.
만났고, 헤어졌다.
충만했고, 허무했다.

그저 내가 바라는 것은 하나이다. 가슴 깊은 곳에 나와 닮은 '여행, 방랑'과 같은 씨앗이 심어져 있는 당신들에게 나의 이야기를 전하고 싶다. 그리고 그 씨앗에 내 이야기가 햇빛이 되고, 빗방울이 되어 이 세상 밖으로 나왔으면 좋겠다. 꽃이든 열매든 그게 무엇이 됐든 상관없다. 당신으로부터 나온 것이기에 당신다울 것이다. 즉, 아름다울 것이다.

자, 이제 기나긴 여정이 시작될 것이다. 겁으로 온몸이 꽉 찬 한 사람이 낯선 땅에 헤딩을 하고, 맨땅에 못

질을 할 것이다. 자기 자신을 그만 미워하고 싶어 떠났던, 삶에 무언가는 달라지지 않을까 기대하고 떠났던 기나긴 방랑이 시작된다. 이 길 위에서 20대, 30대를 보낸 한 여자는 무엇을 찾았고, 무엇을 잃었을까. 그녀에게 여행, 떠남이란 무엇일까.

이 여정을 함께할 이들에게 간곡히 부탁해본다. '떠나면 달라질까'에 대한 질문에 간결하고 짧은 정답을 찾기보다 형용사와 부사, 동사가 가득한 나만의 힌트를 찾길 바란다. 완전한 문장이 아니어도 좋다. 다만 주어가 '나'라는 것만 잊지 않으면 된다.

이 여정을 마칠 땐 이슬기라는 한 사람의 이야기가 남는 것이 아니라, 이 글을 읽는 당신이 주인공으로 끝나는 여정이 되기를 간절히 바라며 이 방랑의 첫걸음을 떼본다.

-당신의 동행자, 이슬기 드림-

제1장
순수한 방랑자

착한 딸 콤플렉스

 대학교 4학년, 졸업을 한 학기 앞둔 어느 날이었다. 학과 조교 선생님은 나를 사무실로 불렀다. 이야기인즉슨, 지역인재 추천 채용으로 7급 공무원을 준비해보는 게 어떻냐는 제안이었다. 지역인재 추천 채용제도는 학교 추천을 받은 대학 성적 우수자를 대상으로 필기, 실기 시험을 본 후 7급 공무원을 선발하는 제도라고 하셨다. 공무원이라면 내 성향과 절대 어울리지 않는다는 걸 알고 있었지만 괜스레 '7급'이라는 단어에 솔깃했다.

 졸업이 코앞인데 진로에 대한 아무런 계획이 없었다. 일단 사학과 전공을 살리고 싶지는 않았다. 그렇다고 하고 싶은 일도 따로 없었다. 마침 7급 공무원이라고 하니, 뭔가 있어 보였다. 무엇보다 엄마 얼굴이 떠올랐다. 중고등학교 교사이던 엄마는 내가 교사가 되길 바랐었다. 교사는 죽어도 싫다는 내 말에 그럼 공무원은 어떠냐고 자주 물어보곤 했었다.

재수를 실패하면서 엄마에게 실망만 줬는데 이번에 7급 공무원을 준비한다고 하면 좋아할 것 같았다. 그것도 학교 성적 우수자라서 학교 추천을 받아 준비하는 시험이라고 하면 더욱더 좋아할 것 같았다. 어차피 딱히 하고 싶은 일도 없었는데, 이 기회에 효녀가 돼 보자고 마음을 먹었다.

조교 선생님과 헤어지고, 집으로 전화를 걸었다. 내 예상대로 엄마는 내가 7급 공무원에 바로 합격이라도 한 것처럼 한껏 들뜬 목소리로 이 소식을 환영했다. 그 후, 나는 지역인재 채용제도에 필요한 조건들을 하나둘씩 채워나갔다. PSAT라 불리는 가장 중요한 필기시험 준비를 남겨둔 상황이왔다. 짐을 싸서 노량진으로 갈지, 아니면 집에서 독학할지 선택해야 했다.

퀘스트를 하나하나 잘 깨면서 여기까지 왔는데, 이

상하게도 결정이 쉽게 내려지지 않았다. 이 고민의 핵심은 '노량진으로 올라가느냐 vs 집에서 공부하느냐'이다. 하지만 내 머릿속에는 계속해서 다른 질문이 맴돌았다.

'내가 공무원이 된다면... 내 삶은 어떨까?'

그리고 이 질문에 대한 답은 어떤 알고리즘을 거치든 한 문장으로 귀결됐다.
'왠지 난 행복하지 않을 것 같아.'

이 답이 내 머릿속에서 생성될 때마다 엄마의 얼굴이 떠올랐다. 지금 와서 그만둔다고 하면 실망할 것 같았다. 재수에 실패했을 때도 나만큼이나 속상해하던 엄마였다. 지금까지 엄마에게 그럴듯한 결실을 맺은 모습을 보여준 적이 없었다. 공무원이 되면 내가 행복하지 않을 것 같았지만, 동시에 실망할 엄마의 얼굴을 보면 그 또한 나는 행복할 것 같지 않았다.

한 달 넘게 끙끙 앓다가 결심을 했다. '이 시험 꼭!

합격할 거야!'라는 확신을 갖고 공부를 해도 될까 말까 한 어려운 시험인데 이 정신 상태로 시험을 준비한다면 난 정말 불행한 20대를 보낼 것 같았다. 행복까지는 모르겠지만 눈에 보이는 불행은 피하고 싶었다. 나를 위해 다시 한번 엄마에게 미안하기로 했다.

'똑똑'
노크하고 엄마 방으로 들어갔다.

도저히 떨어지지 않을 것 같던 입술이 위아래 두 쪽으로 벌어지고 작은 틈 사이로 겨우 이 한 마디를 뱉어냈다.
"엄마. 나 할 얘기 있어."

엄마의 시선은 노트북에서 내 얼굴로 옮겨졌다.
"뭔데?"

"나.. 공무원 준비 그만하고 싶어."
"왜?"
"내가 공무원이 되면 난 행복하지 않을 것 같아."

"그래? 그럼 이제 너 뭐하게?"

차마 예상하지 못했던 질문이었다. 그 순간 나도 모르게 평소에 마음속으로만 혼자 하던 말을 엄마에게 하고 있었다.
"나... 일은 아직 잘 모르겠고, 여행을 가보고 싶어. 알바하고 돈 모아서 여행 가보려고."

그리고 엄마는 아주 덤덤하게, 명확하게 대답했다.
"오케이. 접수."

당황스러웠다. 엄마가 내 앞에서 완벽하게 연기를 했을 수도 있지만 엄마의 표정에는 실망에 'ㅅ'도 보이지 않았다. "오케이. 접수."는 내 시나리오에는 없던 다섯 글자였다. 잠시 일시 정지된 나에게 엄마는 할 얘기가 더 있냐고 물어봤다. 나는 없다고 했다.

내 방으로 돌아와 의자에 앉았다. 허무하면서 홀가분했다. 한 달 넘게 한 고민이 5분도 채 되지 않는 대화로 끝났다. 나는 뭐 때문에 그렇게 생각하고, 또 생각했던 걸까. 진심으로 실망할 엄마를 걱정했던 걸까. 아니면 그저 나는 내가 내린 선택에 자신이 없던 걸까.

 솔직히 말하면, 착한 딸 콤플렉스가 있는 나는 실망할 엄마의 표정을 보는 것이 두렵다. 어렸을 때부터 '부모님을 실망시켜서는 안돼'라는 한 줄을 가슴속에 품고 살았다. 어쩌다가 부모님을 실망시키는 날이 올 때면 너무도 괴로웠다. 그런데 뜻하지 않게 몇 번의 실망을 안기면서 배운 것이 있다. 그 실망 몇 번으로 나의 인생, 부모님의 인생에 엄청난 일이 일어나지 않는다는 것이다.

 기나긴 인생을 살아갈 텐데 부모-자식 관계를 넘어서서 타인과 타인으로서 우리는 평생 단 한 번도 서로에게 실망하지 않고 살기란 불가능하다. 아무리 나를 사랑하는 사람이더라도 결국 남이다. 남을 나보다 위에 두고 인생에 중요한 선택을 하게 된다면 그것은 나의 선택이 아니다. 그리고 그 삶은 곧 나의 삶이 아니다.

그 누구를 위한 결정이 아닌, '나'만을 위한 선택을 내리고 나서야 알았다. 그동안 내가 엄마의 행복을 위한다는 말은 어쩌면 나의 불안함을 숨기기 위한 그럴듯한 변명이었음을, 내가 짊어지어야 할 나의 책임을 전가하기 위한 위선적인 회피였음을.

24살의 어느 봄밤, 난 날 위한 선택과 그 책임을 정면으로 맞닥뜨리기로 했다. 노트북을 켜 알바몬에 접속했다.

'그래. 지금 내가 가장 하고 싶은 건 여행이야. 돈을 벌어서 떠나자.'

질문 하나, 클릭 한 번

 참 신기하다. '돈 모아서 여행갈까' 혼자 속으로만 생각했던 힘 없는 상상 속 문장을 엄마에게 말하고 나니 "돈 모아서 여행하자"라는 목표로 변했다. 난 차근차근 그 목표를 현실로 만들기 위해 움직였다. 엄마와 대화하고 바로 다음 주부터 돈을 벌기 위해 아르바이트를 시작했다.

 목표치의 금액은 정하지 않았다. 일단 '월급을 받으면 되는대로 많이 저금하자'라는 치밀하지 못한 계획을 갖고 일을 시작했다. 그래도 정확하게 정한 것은 하나 있었다. 바로, 여행의 목적지이다. 아무에게도 말은 안 했지만 이번 내 목적지는 제주도이다. 단순히 여행이 아닌, 제주도에 살아보고 싶어서 떠나려고 한다.

이러한 결심은 작년 11월 말쯤 4박 5일간 홀로 떠났던 제주도 여행에서 시작된다. 작년 8월, 대학교를 졸업하고 처음으로 '현실'이라는 놈과 마주치게 되었다. 사실 나는 주변 친구, 후배들에게 '꿈'을 쫓아가라고 그래야 행복하게 살 수 있다고 말하고 다니는 일명 꿈 전도사였다. 무턱대고 "현실에 굴복해서 꿈을 놓질 수는 없어. 그러면 안 돼!"라고 말하고 다녔다.

솔직히 말하면 내 꿈은 추상적이다. 아직 가보지 않은 곳들을 방랑하며 그 안에서 좋은 사람들을 만나고, 그 기억들과 추억들을 함께 만들고 공유하면서 살고 싶다. 혹자는 그 여행은 누가 보내줄 것이며 가서는 어떻게 살 것이냐고 되묻곤 한다. 그렇다면 난 자신 있게 대답하지 못한다. 이것이 바로 그 누구도 피해 갈 수 없는 현실이기에.

꿈 이야기가 조금 길었지만, 대학교 졸업 후에 내 머릿속을 가득 채운 생각과 고민은 대체로 이러했다. '꿈? 현실? 내가 하고 싶은 것은 뭐지? 난 여행을 가고 싶어. 그럼 여행을 갈까? 돈은 어떻게 하지? 돌아와서는?' 생각의 꼬리는 꼬리를 물고 끝나지 않았다.

 끝없는 고민의 연속이 시작될 무렵, 단기 아르바이트를 했고 그 돈으로 일단은 홀로 여행을 떠나기로 결정한다. 그곳이 바로 제주도. '혼자' 떠난 여행은 이때가 처음이었다. 제주도에서 보낸 4박 5일은 전혀 외롭지 않았고 쓸쓸하지도 춥지도 않았다. 내 옆 빈자리는 여행에서 만난 좋은 사람들로 꽉꽉 채워졌다.

 제주도의 4박 5일의 추억만으로 반년 동안 제주 앓이를 할 정도로 내게 제주는 어느 여행지보다 가장 가슴 속 깊이 들어와 버렸다. 그 후 다시 집으로 돌아와 나는 '제주살이'라는 새로운 꿈을 남몰래 설정하게 된 것이다.

 엄마에게 떨리는 가슴으로 공무원 준비 안 하겠다고, 여행을 간다고 말한 지도 벌써 8개월이 지났다. 계획대로라면 여름에는 떠나려고 했다. 잔병을 달고 사는 허약한 몸을 갖고 있는 나는 건강상의 문제로 제주행은 8월, 9월로 미루어졌다.

이렇게 집에 있는 시간이 길어지면서 생각이 많아졌다. '내가 제주도에 왜 살려고 했었지?' 라는 근본적인 질문이 내 머릿속에 자주 찾아왔다. 이 질문이 찾아올 때마다 명확한 답은 찾지 못했다. 이러고 있다가 미루기만 하고 행동은 안 하겠다 싶어서 제주행 비행기표를 무턱대고 예약했다.

제주도 출발 2일 전, 제주도에서 지낼 곳을 폭풍 검색하던 중에 내 방에 들어온 친오빠는 내게 질문 하나를 던졌다.
"근데, 너 제주도 왜 가는 거지?"

작년 11월, 제주도 여행 직후의 나였다면 "좋으니까!"라는 단순하고 명쾌한 답을 바로 말했을 것이다. 하지만 2014년 10월의 나는 답할 수 없었다. 솔직히 나도 내가 왜 제주도를 가는지, 가고 싶어 했는지 그 이유가 까마득해졌다. 지금 내가 하고 있는 고민들을 오빠에게 말했다.

내 이야기를 들은 오빠는 한 가지 제안을 했다.
"제주도 말고 태국 쪽으로 한 달 여행가는 건 어때?"

듣자마자 드는 생각은 '갑자기 웬 태국?' 뜬금없다고 생각했다. 그런데 몇 분 지나지 않아 나는 생각이 바뀌고 있었다. 안 그래도 동남아 쪽으로는 여행 경험이 없어서 한번 가보고 싶기도 했다. 지금 모은 자금이 많지는 않지만 동남아 쪽으로 한 달 여행은 충분할 것 같았다.

이 제안을 들었을 때 조금 두렵기도 했다. 처음부터 끝까지 혼자 외국 여행을 해본 경험은 없었다. 이전에 유럽 배낭여행도 다녀오고, 잠시 뉴질랜드에서 몇 개월 살아본 적도 있지만 그때는 모두 친한 언니와 함께 했었다.

'한 번도 해본 적 없는 경험'이라는 두려움과 새로움이 나를 자극했다. 지금까지 수많은 여행 에세이와 여행 블로그를 보며 나도 언젠가 혼자 외국으로 떠나고 싶다는 꿈을 꿔왔다. 그래. 난 결심했다. '태국으로 가

보자!'

 내 손가락은 2014년 11월 13일 목요일 방콕행 비행기 티켓을 클릭했다. 제주도행 티켓은 동시에 하늘로 날아가 버렸다. 크게 아쉽지는 않았다. 제주는 언제고 다시 갈 수 있을 것 같았다. 무엇보다 제주행보다는 방콕행이라는 세 글자가 내 가슴을 더욱 설레게 하기에 어쩔 수 없었다.

 이 모든 것은 제주도로 떠나기 2일 전에 일어난 일이다. 한 마디의 질문, 한 번의 클릭이 다시는 오지 않을 '2014년 11월 뜨겁고도 따뜻했던 태국'으로 데려다 주었다.

이곳에서는 너무 쉬운 달콤함

2014년 11월 13일, 오늘은 수능 보는 날인 만큼 수능한파가 거세다. 두꺼운 패딩을 챙겨입고 신발은 맨발에 쪼리를 신었다. 위아래가 정반대인 계절의 옷을 입고 내가 향한 곳은, 바로 인천공항이다. 내가 떠날 곳은 태국 방콕. 정확한 루트는 짜지 않았지만 일단 태국을 시작으로 동남아시아 지역을 한 달 동안 여행할 계획이다.

이번 여행은 내게 특별한 의미를 가지고 있다. 처음으로 '혼자'하는 배낭여행이다. 빨간색 큰 배낭 하나에 작은 크로스 백 하나를 메고 인천공항에 도착했다. 그렇게 기대하고, 기다리던 여행이었는데 막상 공항에 도착하니 내 머리와 가슴은 걱정으로 가득 차 있다.

'입국 심사는 무사히 통과할 수 있을까?, 짐 찾는 건 문제없이 찾을 수 있으려나?, 늦은 시간인데 혼자 게스트 하우스까지 잘 갈 수 있을까?, 길거리에서 무서운 사람들을 만나면 어떡하지?, 한 달 동안 정말 혼자서만 여행하게 될까?, 나 이 여행 무사히 잘할 수 있을까?'

 걱정 한 묶음을 배낭에 넣은 채로 짐 검사를 마치고, 비행기를 탔다. 자리에 앉자마자 광고 문구가 눈에 들어온다. '두근두근, 어디로 갈까?' 진한 연두색 글씨 때문일까. 괜스레 내 가슴도 두근두근 대기 시작한다. 걱정은 되는데 설레고, 두려운데 기대되고. 반대와 반대의 감정이 이리저리 뒤범벅되고 있을 무렵, 비행기는 하늘을 향해 시동을 걸었다.

 밥을 먹고, 졸다 깨다 반복하다 보니 이제 곧 착륙한다는 안내 방송이 나온다. 머릿속으로 몇 번 돌려본 '공항에서 게스트 하우스까지 찾아가기' 시뮬레이션을 또 돌려본다. 컴컴한 밤에 도착한 태국 수완나품 공항. 겁쟁이의 경계 태세는 최고 단계로 설정됐다.

우선 짐은 무사히 잘 찾았다. 이제 BTS(방콕 지상철)를 타고 숙소까지 가는 가장 중요한 미션만 남았다.

먼저 인터넷에서 본 대로 교통카드부터 샀다. 그다음 공항철도를 탄 다음, 환승을 한 번 거쳐, 숙소에서 가까운 역에 내렸다. 이제 걸어서 숙소까지 걸어가면 된다. 난생처음 보는 곳의 어두운 거리는 2배 어둡게 느껴진다. 두 눈에 힘을 빡! 주고, 미간에 살짝 인상을 쓴 채 일부러 더 씩씩한 척 걸었다. 혹시 휴대폰을 뺏기지는 않을까 괜한 걱정에 주변을 두리번두리번하며 숙소로 향했다.(나중에 보니까 대부분의 방콕 시민분들이 나보다 훨씬 더 좋은 휴대폰을 쓰고 있었다.)

지도를 따라 밤거리를 걷자 사진으로만 보던 게스트하우스 큰 건물이 보였다. 문을 열자마자 친절한 스텝 분은 반갑게 인사를 했고, 빠르게 체크인을 도와줬다. 집 떠난 지 10시간이 지난 후에야 드디어 도미토리 방 안, 내 침대에 도착했다. 10kg이 넘는 배낭을 바닥에 내려놓고 나니 그제야 긴장이 확 풀렸다.

분명 어젯밤 같은 시간에 나는 내 방에서 이 빨간 배낭에 짐을 꾸역꾸역 밀어 넣고 있었다. '내일 공항에서 숙소까지 잘 찾아갈 수 있겠지..?' 걱정을 하면서. 그런데 그로부터 24시간이 지난 지금, 나는 생전 처음 보는 외국인 친구들과 도미토리 방에 있다. 뭔가를 해낸 것 같았다. 나 자신이 너무도 뿌듯했다. 처음 오는 나라에 도착해서 숙소를 찾아가는 일. 누군가에게는 별거 아닐 수 있지만 떠나기 전 나에게는 생각만 해도 배가 살살 아파지는 별일이었다.

이렇다 할 '성취'를 맛본 지 오래됐다. 대학교 졸업 후, 진로라는 답이 없는 선택지 앞에서 한참을 헤맸다. 남들은 명확한 목표 하나를 정해서 힘차게 달려가는 것만 같았다. 취직과 같은 질문을 받을 때면 덤덤한 척, 자유로운 척 "난 일단 여행 갔다 와서 생각해 보려고."라고 말했다. 하지만 속은 그렇지 못했다. 나만 늦은 것 같았고, 나만 틀린 것 같았다.

여행을 이러한 마음으로 준비하고, 시작했기에 출발부터 걱정으로 가득했는지 모른다. 아주 작은 걱정들이 찾아오고, 더 자신이 없었다. 그런데 반대로 그 많은 걱정들은 여행의 시작과 동시에 사소한 일들을 해낼 때마다 '나 할 수 있네!'라는 한 마디로 변환되어 내게 돌아왔다. 그때마다 나는 내가 조금씩 좋아졌다.

그렇게도 목말라하던 성취가 여기에 있었다. 이곳에서의 성취는 꼭 어떤 숫자, 등급, 명사에 도달하지 않아도 충분히 맛볼 수 있었다. 내가 아는 성취는 쓰디쓴 맛을 9번 먹고 견딘 후에 1번 오는 달콤함이라 배웠는데, 이곳에서의 성취는 그 반대였다. 9번의 쉬운 달콤함에 취한 여행 첫날 밤, 나는 혼자 이런 생각을 했다.

'이렇게 여행을 하면 바뀔 수 있을 것 같아. 나도 뭔가는 달라질 것 같아. 여행 나오길 정말 잘했다.'

지금 내가 바라보는 10년 전 그날

나는 나 자신을 좋아할 수 있는 유일한 무대를 드디어 찾았다고
생각했다.
그것은 바로 '여행'이었다.

처음 나에게 '여행'은 말 그대로 '여행'이었다.
나는 여행 앞에서 궁금했고, 떨렸다.
그게 다였다.

그리곤 낯선 길 위에서 느꼈다.
새로운 곳, 새로운 사람들 속에 나를.
주인공은 나였고, 무대는 여행이었다.

가끔 나는 그때의 여행이 그립다.
온전히 여행만을 위해 떠난 여행.
여행에 거창한 목적, 이유 따위가 덕지덕지 붙지 않던 때.
방랑이라는 단어를 감히 떠올릴 수조차 없던 시절.

그래서 그때 유독 이 말을 많이 했다.
"일상을 여행처럼 살고 싶다."
일상에 돌아가서도 내가 주인공인 삶을 살고 싶다는 뜻이었다.
주인공이 '나'이고, 무대는 그저 무대뿐인 삶.

10여 년 전 숙소만 잘 찾아가도 뿌듯해하던,
마음에 드는 나를 만날 수 있는 유일한 무대가 여행이라 여기던
나를 떠올려본다.

지금은 그때의 여행과 나와는 다른지
자꾸만 그때의 여행과 내가 그리워진다.

무계획이 계획인 사람들의 여행

 2박 3일도 아니고 1달 동안 여행하는데 내가 예약한 건 첫날 숙소 1박이 전부이다. 이렇게 보면 내가 엄청 무계획형 인간이라고 생각할 수도 있지만, 일상을 살 땐 매일매일 스케줄러를 손으로 쓸 정도로 계획을 세우는 편이다. 그런데 난 꼭 여행만 오면 180도 무계획형 인간으로 탈바꿈한다.

 방콕에 온 지 4일 차, 카오산 로드의 DDM 게스트 하우스로 향했다. 역시나 예약을 하지 않아서 일찌감치 게스트 하우스부터 갔다. 다행히 도미토리 방에 침대 개수는 여유가 있었다. 빨리 체크인을 해서 그런지 여자 도미토리 룸에는 아무도 없었다. 여행 정보도 얻고 같은 여행자 친구들과 친해지려고 왔는데, 텅 빈 방을 보니 기운이 살짝 빠졌다.

그래도 오늘은 따로 저녁 약속이 있다. 방콕 첫날 도착한 게스트 하우스 로비에서 우연히 한국인 여행자를 만났었다. 그분도 오늘 카오산 쪽으로 숙소를 옮기셨다면서 연락이 왔다. 그분은 태국 여행 베테랑이었는데, 내가 이번에 태국은 처음이라고 하자 카오산에서 유명한 곳을 데려가 주겠다며 자신만 따라오라고 하셨다.

카오산 로드는 TV, 책에서 보던 대로 여행자들의 천국이었다. 자유로움 속에 음악과 술이 있고, 여행자라는 이름 아래 세계 각국에서 만난 인연들로 가득했다. 그 어떤 여행자가 이곳을 좋아하지 않을 수 있을까. 나는 태국 여행 베테랑 친구 덕분에 카오산 로드를 제대로 즐기고 너무 늦지 않게 게스트 하우스로 돌아갔다.

게스트 하우스 문을 열자 1층에는 여러 게스트가 모여 앉아 맥주와 위스키를 드시고 계셨다. 나는 앉아 있는 분들에게 인사를 건넸다. 그러자 게스트분들은 바로 자리 하나를 만들어주시더니 앉아서 맥주 한잔 같이하자고 하셨다. 넙죽 그 자리에 앉았다.

 내일도 무계획인 나는 주변에 있던 분들에게 내일 일정은 어떻게 되냐고 물어봤다. 역시나 여기도 나와 비슷한 사람이 있었다. 아니 나보다 더 심했다. 내 옆자리에 앉은 분은 방콕 첫날 숙소도 미리 예약하지 않고 왔다고 하신다. 게다가 짐도 작은 크로스백 하나가 다였다. 앞자리에 커플분들도 아무런 계획이 없다고 한다. 그 자리에서 바로 우리는 내일 방콕 투어를 같이 하기로 약속했다.

 다음 날, 어젯밤에 급 결성된 방콕 투어 멤버에 2명이 더 추가됐다. 크로스 백만 메고 온 K 오빠와 커플 언니 오빠, 혼자 방콕만 일주일 여행 왔다는 J 오빠, 직장을 은퇴하시고 혼자 여행 오셨다는 아버님까지. 그날부터 우리는 방콕에서 2박 3일을 동안 함께 여행했다.

 방콕 구석구석을 알차게 돌아다녔다. 혼자라면 가보지 않았을 태국 왕궁, 왓아룬 사원도 가보고, 처음으로 마사지도 받아봤다. 발 마사지, 전신 마사지 모두 받아봤는데 특히 발 마사지가 환상적이었다. 방콕 중심부에 있는 무척 큰 대형 쇼핑몰도 구경했다. 저녁에는 다시 숙소가 있는 카오산 로드로 돌아와 매일 밤 시원한 맥주로 하루를 마무리했다.

우리 멤버 중 일주일 여행 온 J 오빠와 은퇴 여행을 오신 아버님은 한국을 돌아가는 날이 되어서 2박 3일을 끝으로 헤어져야 했다. 이제 4명이 됐다. 우리 4명의 공통점이 있다면 앞으로 여행 일자는 2주 이상 남았다는 것, 여전히 이 여행은 무계획이라는 것.

넷이 저녁 식사를 하던 중 언니가 의견을 냈다.
"우리 태국까지 왔는데 캄보디아 앙코르와트는 가봐야 하지 않겠어? 우리 내일 캄보디아 갈래?"

사실 나는 태국 다음으로 라오스를 가볼까 하는 생각은 있었다. 캄보디아는 여행지 후보에도 없던 곳이다. 그런데 지금 아니면 언제 이렇게 좋은 사람들과 함께 캄보디아를 갈 수 있을까 싶었다. 난 그 자리에서 바로 외쳤다.

"좋아요! 가요!"

 캄보디아행 제안은 언니가 말한 지 3분도 채 되지 않아 만장일치로 통과됐다. 가는 방법을 열심히 검색해 본 결과, 내일 바로 캄보디아로 가려면 육로 이동을 해야 했다. 버스를 타고 태국과 캄보디아 국경 도시로 간 다음 그 주변에 택시를 타는 방법이 있었다. 가는 방법 또한 만장일치로 합의가 됐다. 우리는 내일 밤, 캄보디아로 가기로 했다.

 캄보디아라는 새로운 여행지가 정해지자 설렜다. 동시에 걱정도 됐다. 내일 밤에 버스를 잘 타고, 국경을 무사히 잘 건너갈 수 있을까. 택시 기사들이 바가지를 씌운다던데 앙코르와트가 있는 도시인 프놈펜까지 잘 도착할 수 있을까. 그런데 설렘이란 감정은 늘 그랬다. 마냥 설레서 설레는 게 아니다. 설렘 안에는 항상 약간의 긴장감, 걱정이 녹아 침전되어 있었다.

내일이면 그 누구의 계획에도 없던 캄보디아로 향한다. 내일 이 시간이면 우리 넷은 캄보디아를 향해 달리는 밤 버스 안에 있을 것이다. 내일의 우리를 내 멋대로 그려본다. 내일의 장면은 쉽게 그려지지 않는다. 이렇게 난 내일을 그릴 수 없는 오늘 밤이 좋다.

난 여행을 하면 할수록 여행이라는 것이 참 좋다.
하루하루를 감히 예상할 수 없는 여행이 좋다.
그 안에 내가 좋다.

오늘은 스쿰빗 주민처럼

캄보디아에서 방콕으로 돌아오고 나서 맞이하는 두 번째 아침. 어제 컨디션이 좋지 않은데 열심히 돌아다녀서 그런지 늦잠을 잤다. 캄보디아에서 커플 언니, 오빠와 헤어지고 이제 남은 멤버는 나보다 더 무계획형인 작은 크로스백 가방만 메고 여행 나온 K 오빠와 나, 둘뿐이다.

사실 우리는 어제저녁 내내 다음 여행지를 고민했다. 방콕에서 가까운 도시인 아유타야를 당일로 갔다 올까, 아니면 남쪽의 해변으로 가볼까. 다양한 여행지를 인터넷으로 찾아보다가 내일 일은 내일로 미루기로 했다. 둘 다 '내일 어디 가든 좋겠지'의 마음으로 여행하는 사람들이라 맥주만 실컷 마셨다.

씻고 준비하니까 낮 12시. 일단은 오늘 이 숙소를 떠나 다른 곳으로 이동하는 계획이라서 짐을 다 챙겨서 나왔다. 앞으로의 계획도 정할 겸 아점은 숙소에서 운영하는 1층 히말라야 레스토랑에서 해결했다.

어디로 갈지도 모르지만, 아점은 든든하게 먹자며 탄두리 치킨, 커리, 그리고 생맥주까지 시켰다. K 오빠와 나의 장점은 여행 스타일도, 대화도 척척 잘 맞는다는 것. 단점 또한 여행 스타일도, 대화도 척척 잘 맞는다는 것. 둘 다 이래도 저래도 상관이 없으니까 결정을 하지 않고, 앉은 자리에서 수다만 떤다. 그것도 시간 가는 줄 모르게.

분명 아점을 먹는 동안에는 '어디 갈지'에 대해 생산적인 대화를 나눈 것 같은데 마땅한 곳을 정하지 못했다. 다른 지역으로 가자니 시간이 애매했다. 오늘 시간이 많이 지나간 것도 있지만 K 오빠가 한국으로 돌아가기까지 2박밖에 남지 않았기 때문이다.

우리는 다른 지역으로 가기 힘들다면 방콕 안에서

라도 가보지 않을 곳을 가보기로 했다. 나는 방콕 지도를 펼쳤다. 눈에 익은 지명이 딱 보였다.

"오! 나 여기 들어봤는데! 통로? 텅러(Thong Lo)?!"

텅러는 우리가 머물고 있는 스쿰빗이라는 구역 안에 있는 동네 이름이다. 예전에 친오빠가 태국 여행을 하고 와서 말해준 곳인데, 서울에 가로수길처럼 깨끗하고 예쁜 카페와 맛집들이 많다면서 한번 가보라고 했었다. 예쁜 카페, 맛집을 찾아다니는 스타일은 아니지만 지금 상황에서는 나름 괜찮은 차선책이었다.

그래서 오늘의 일정 아니, 오늘의 콘셉트는 진짜 스쿰빗 동네 주민처럼 놀자고 정했다. 우리가 있는 곳에서 텅러까지 가려면 지하철역 기준으로 2개 정도를 걸으면 도착할 수 있었다. 우리는 동네 주민처럼 슬렁슬렁 걸어갔다.

텅러에 대한 정보는 더 이상 찾아보지 않았다. 그저 구글 맵이 가리키는 방향으로 발걸음을 옮겼다. 관광지가 아닌 평범한 길목을 걸어가니 로컬 음식점, 작은 빵집, 그 옆에는 철물점이 보인다. 대단히 아름다운 장면은 아니지만 난 이 장면이 예쁘다고 느껴진다. 정확히는 이 장면 속에 있는 내가 좋다.

 여행자인 듯 주민인 듯, 애매한 이 역할은 꽤나 매력적이다. 여행을 하면 할수록 이 역할에 욕심이 난다. 길거리를 걷기만 해도 눈에 톡톡 튀는 여행자가 아닌 그 풍경에 자연스럽게 스며들어버린 주민과 같은 여행자가 되어보고 싶다.

 이렇게 현지인인 척 20분을 걷다가 초보 여행자임을 증명하듯 구글 맵으로 현재 위치를 확인하곤 한다. 아직은 겁도 많고 지도도 한 번에 잘 못 보는 서툰 여행자이지만 그래도 오늘만큼은 '스쿰빗 주민처럼' 동네 마실 나온 것처럼 연기를 해본다.

 언젠가 내가 푹 빠진 도시에서 '생활'하는 그날을 상상하며.

올드 타운의 기억

치앙마이에 도착한 지 어느덧 5일 차가 됐다. 그 말인즉슨, 한국으로 돌아가는 날도 단 5일뿐이 남지 않았다는 뜻. 남은 시간을 치앙마이에 올인할 것인지, 시간을 쪼개서라도 빠이에 갈 것인지 고민이 됐다. 치앙마이에 오기 전에는 일주일이면 충분하지 않을까 싶었는데 여기에 무슨 꿀을 발라 놓은 건지 치앙마이는 있으면 있을수록 떠나고 싶지 않다.

숙소가 있는 동네는 치앙마이의 님만해민이라는 곳이다. 님만해민은 신시가지라서 인프라가 잘 갖추어져 있고, 전반적으로 쾌적한 환경이다. 님만해민에서 지내느라 아직까지 나는 올드타운을 가보지 않았다. 이름처럼 올드타운은 구시가지로 역사가 길고, 크고 작은 유명한 사찰도 많다고 한다. 로컬한 느낌의 진짜 치앙마이를 즐길 수 있는 곳이라고 들었다.

 오늘은 룸메이트 J 언니와 썽태우(트럭을 개조해서 만든 대중교통)를 타고 올드타운을 함께 가기로 했다. 썽태우 정류장은 구글 지도에 나오지 않기 때문에 게스트 하우스 사장님이 간단히 그려주신 약도를 들고 무작정 거리로 나섰다.

 큰 도로변으로 나오자 여러 대의 썽태우가 서 있었다. 올드타운으로 간다고 하니 저쪽에 있는 한 썽태우를 타라고 알려주셨다. 썽태우는 우리가 타자마자 바로 출발했고, 기사님은 올드타운 어디에서 내릴 거냐고 물어보셨다. 우리는 올드타운에 대해서 아는 것이 없었다. 대답을 못 하고 있자 기사님은 사람들이 많이 내리는 곳에서 같이 내리라고 알려주셨다.

 내리자마자 왜 이곳을 올드타운이라고 부르는지 단번에 알 것 같았다. 세월이 묻은 붉은 빛의 건물들과 사원이 시간을 과거로 돌린 것 같았다. 우리는 발 닿는 대로 걸어보기로 했다. 이름 모를 사원과 오래된 상점들이 한데 어우러져 걷는 것만으로도 이곳의 정취를 느낄 수 있었다.

 해는 슬슬 저물어 가고 있었다. 우리는 늦지 않게 여기서 저녁을 먹고 다시 숙소로 가기로 했다. 언니랑 무작정 작은 골목 골목으로 들어가 맛집을 찾아보기 시작했다. 아담하면서 뭔가 가정집스러운 식당이 우리의 눈을 사로잡았다. 아니, 우리의 코를 끌어당겼다. 맛있는 냄새에 홀려 가게 안으로 들어갔다.

 작은 식당이었지만 한 테이블을 빼고 모두 만석이었다. 우리는 운이 좋다며 남은 한 테이블에 앉았다. 스프링롤과 팟타이, 태국 여행하면서 아직 한 번도 먹어보지 않은 옐로우 커리를 주문했다. 맛은 상상 그 이상이었다. 올드타운에서 지냈다면 하루 중 한 끼는 꼭 여기 와서 먹을 것 같은 곳이었다.

 배 터지게 밥을 먹고 식당에서 몇 걸음 걸었는데 뒤에서 누군가 "저기요~~~"라며 우리를 불렀다. 한국말에 본능적으로 고개를 돌리자 한국 아주머니가 서

계셨다. 다른 한국분들을 이곳에서 만나기로 약속했는데 그 상대를 우리로 착각했다고 하셨다. 아주머니는 약속한 시간이 한참 지났다며 아마도 바람을 맞은 것 같다고 말씀하셨다.

 아주머니는 이렇게 만난 것도 인연이라면서 머물고 있는 게스트 하우스 1층에서 같이 차 한잔하자고 하셨다. 우리도 흔쾌히 아주머니를 따라갔다. 아주머니는 아들과 둘이 장기 여행을 하고 있다고 했다. 태국을 끝으로 동남아시아 여행을 마치고, 곧 인도에 간다고 하셨다. 신세계였다. 엄마와 아들이 장기 여행을 하고 있다니, 너무도 멋진 모자였다.

 셋이 여행 이야기를 재밌게 나누다가 아주머니께서 이틀 뒤면 바로 인도로 가는데 태국 현금이 너무 많이 남아서 어떻게 처리해야 할지 고민이라고 하셨다. 마침 나랑 언니는 태국 바트가 필요했다. 아주머니는 잘됐다며 은행보다 높은 환율로 그 자리에서 바트로 환전해 주셨다. 우리가 감사하다고 인사드리자 아주머니는 자신이 더욱 고맙다고 말씀하셨다.

대화가 끝나갈 무렵 아주머니께서는 말씀하셨다.
"제가 잘못 보고 부른 분들과 이렇게 이야기를 나눌 수 있다는 게 너무 신기하고 재미있는 것 같아요. 저는 배낭여행은 이번에 처음 해보는데, 매력이 엄청나네요. 원래 처음에 나올 때는 아들이랑 힘들면 한 달만 하고 들어가자고 했거든요. 그런데 벌써 3개월이 넘었어요."

여행 이야기를 하는 내내 행복이 묻어있는 아주머니의 얼굴을 보는데 내 기분도 덩달아 좋아졌다. 여행 이야기를 하는 나를 누군가가 볼 때에도 저렇게 행복한 표정일까 궁금해졌다. 확실한 것은 아주머니가 말씀하셨듯이 나도 우연히 만난 인연과 이야기를 나누는 이 시간이, 이러한 여행이 즐겁다는 것이다.

창밖을 보니 해가 사라지고 어두워졌다. 우리는 숙소로 돌아가야 했다고 말씀드렸다. 아주머니는 직접 썽태우를 잡아서 우리가 차에 탈 때까지 지켜봐 주셨다. 마지막까지 활짝 웃으시며 양팔을 흔들어주셨다.

짧은 시간이었지만 참 반갑고, 즐거웠던 시간을 만들어 주신 분. 이 날이, 이분이 오래오래 기억에 남을 것 같다.

아주머니를 만나고 돌아가는 길, 문득 이런 생각이 들었다.
내가 여행을 좋아하는 이유는 여러 가지이지만 이번 여행을 통해서 한 가지가 더 늘었다.
여행을 하면 세상에는 따뜻하고 선한 사람들이 많다는 것을 직접 경험할 수 있다.
따뜻한 사람들을 만나고 나면 나도 그 사람들처럼 타인에게, 세상에 따뜻함을 베풀고 싶다.
이것이 바로 나에게 있어서 여행의 순기능이자 여행을 하는 또 다른 목적이 아닐까 싶다.

갖고 싶었던 마음
~~~~~~~~~

 2014년 12월 13일, 이 여행의 마지막 날이 왔다. 평소보다 일찍 일어나 배낭에서 짐을 모두 뺀 후 다시 차곡차곡 짐을 넣었다. 방콕에 처음 왔을 때보다 배낭이 작아진 것 같다. 맞다. 그동안 길 위에서 만난 친구들이 준 선물들 덕분에 배낭은 빵빵해졌다. 아무도 없는 리셉션에 조용히 키를 반납하고 숙소에서 나왔다. 오늘도 역시 방콕은 습하고 뜨겁다.

 늦은 오후 비행기 스케줄이라 오늘 하루는 여유롭게 방콕 시내에서 머물기로 했다. 배낭은 먼저 쇼핑몰 짐 보관센터에 맡기고, 쇼핑몰을 구경했다. 바트가 얼마 남지 않아 살 수 있는 물건은 거의 없지만 마지막 날이라는 렌즈 때문인지 한국에도 있을법한 물건들마저 다 사고 싶어진다. 다리가 아파올 때 즈음 맨 꼭 대기 층에서 식사를 하고 한 층 내려와 카페에 들어갔다. 카페에 앉아 이 여행을 마치는 내 속마음을 손바닥만 한 수첩 위에 모두 털어냈다.

 창밖을 보니 해가 뉘엿뉘엿 지고 있다. 그놈에 '마지막'이 뭔지 방콕의 꽉 막힌 교통정체 마저 멋스러워 보인다. 창밖에 바짝 붙어 밤의 방콕을 천천히 담아본다. 시간을 보니 슬슬 공항으로 출발할 때가 왔다. 그런데 모래주머니를 양쪽 다리에 찬 듯 발이 떼어지지 않는다. 2배로 무거워진 것 같은 배낭을 어깨 위에 올리고 힘겹게 몸을 움직여본다.

 이제는 익숙해진 BTS(방콕 지상철)를 타고 수완나품 공항으로 향한다. 공항철도로 갈아타니 큰 배낭을 멘 여행자들이 여럿 보인다. 어떤 사람은 친구와 웃으며 이야기를 나누고, 또 다른 사람은 무표정한 얼굴에 아련함 한 방울 떨어뜨린 표정으로 창밖을 바라본다. 이들에 눈에 나는 어떤 여행자처럼 보일까. 아마 가기 싫은 곳으로 억지로 끌려가는 듯 억울해 보이는 축 처진 두 눈부터 보이지 않을까.

그때 이제 곧 수완나품 공항이라는 안내 방송이 들린다. 여행자들은 자신의 몸보다 큰 배낭, 캐리어들을 주섬주섬 챙긴다. 이 철도에 몸을 싣고 이름 모를 방콕 어딘가로 가고 싶은 마음을 꾹꾹 누르고 나도 바닥에 내려놓았던 배낭을 '윽' 소리를 내며 어깨 위에 다시 올린다. 딱 한 달 전에 왔던 곳, 수완나품 공항이다. 그때도 오늘처럼 하늘은 컴컴했다.

그런데 한 달 전과 지금 완전히 다른 것이 있다. 한 달 전 내 머리와 가슴 속을 채우고 있던 것들은 이러했다.

'길거리에서 무서운 사람들을 만나면 어떡하지?'
'한 달 동안 혼자서만 여행하게 될까?'
'나 이 여행 무사히 잘할 수 있을까?'

오늘은 정반대의 문장들로 내 온몸을 가득 채우고 있다.

'한 달 동안 여행하면서 만난 사람들 모두 다! 너무

너무 좋은 사람들이었어..!'

'너무 가기 싫다.. 집으로 어떻게 돌아가지..?'

'한 달 동안 너무 행복해서 불안할 정도로 행복했어.'

특히 '너무 행복해서 불안하다.'라는 말은 내게 생소한 말이다. 이 대사는 어느 드라마에서나 들어봤지 내 입에서 나오게 될 거라고는 생각해 본 적이 없다. 분명 살아오며 '행복'을 느꼈던 순간은 많았다. 그렇지만 어떤 순간을 넘어서서 긴 기간 동안 행복을 감각하고 입 밖으로 뱉은 적은 처음이었다. 24살 인생에 가장 강도 높은 행복감을 낯선 길 위에서 느낀 것이다.

체크인을 마치고 일찌감치 탑승 게이트에 도착했다. 유리창 밖으로 승객을 기다리고 있는 커다란 비행기들이 보였다. 주황빛이 밝히고 있는 저기 멀리 활주로를 바라보고 있으니 이 여행의 끝이 실감이 났다. 이제 곧 이곳을 떠날 생각을 하니 왼쪽 가슴이 욱신거려 왔다. 처음 느끼는 감정이었다. 어찌할 바를 몰랐다.

본능적으로 다이어리를 꺼냈다. 아무도 없는 구석

자리에 앉아 지금 흘러넘치는 감정들과 생각들을 급하게 글자로 쏟아냈다. 이 감정들은 글자로 쏟아내는 걸로는 해결되지 않았는지 눈가가 뜨거워졌다. 눈물이 쏟아졌다. 이 눈물의 이유는 아주 단순했다.

'이곳을 떠나기 싫었다. 여행이 너무 좋았다.'
이뿐이었다.

평소에 나는 잘 울지 않는다. 감성적이긴 해도 감정적이지는 않은 편이라 감정 조절은 잘해왔다. 어렸을 때부터 어른들 말 잘 듣는 착한 아이, 애어른으로 커왔다. 나의 욕구보다는 주변 상황이 먼저였다. 한 번도 스스로 원해서, 확 꽂혀서 마구 달려든 적이 없었다. 나는 그게 뭐든 참는 것이 익숙하고 쉬운 사람이었다. 내가 진정으로 좋아하는 것이 무엇인지 아는 것은 늘 어려웠다.

성인이 된 후에는 조금은 뻔뻔하고, 이기적인 친구들이 부러웠다. 만약 나라면 상황 때문에 시작하지 못할 것 같은 일도 그 친구들은 부모님과 싸워서라도 자신이 하고 싶은 것은 꼭 해냈다. 자신이 원하는 것을 명확히 알고 자신의 마음이 우선인 사람들을 닮고 싶었다. 내가 원해서 참아지지 않는 마음, 뜨거운 마음을 갖고 싶었다. 가지고 싶은 것이 있다면 길바닥에서 울며불며 떼를 쓰는 아이가 되고 싶었다.

그런 내게 이 눈물은 정말 특별했다. 눈물이 나는 이유는 간결했고 명확했다. 이 눈물은 슬픈 눈물이 아니라 나의 '순수한 욕구'로부터 나온 '첫 눈물'이었다. 아까부터 욱신거리던 가슴은 여행에 푹 빠져버린 뜨거운 사랑을 감각한 것이었다. 기뻤다. 어린 시절 한 번도 해본 적 없는 경험을 24살이 되어서야 처음 해봤다. 원하는 것을 위해 길바닥에서 울며불며 떼를 쓰는 아이, 그런 어른이 된 것이다.

내가 그토록 가지고 싶고, 느끼고 싶었던 참아지지 않는 마음을 드디어 찾은 순간이었다.
오로지 '나'만으로 '나'를 가득 채웠던 순간은 그때,
태국을 떠나던 날, 밤의 공항이었다.

나는 눈물을 훔치며 마음속에, 공책 위에 마지막으로 이 말을 새겨 넣었다.

"다음에는 여행이 지겨워질 때까지, 여행만 해보자!"

제2장
방랑의 민낯을 알아버린 여행자

이별의 순기능

여행은 기본적으로 '소비'하는 행위이다. 내 돈과 시간을 써서 내가 선택한 곳에서의 경험을 사는 행위이다. 그렇기에 여행을 길게 하려면 먼저 그 기간 동안 쓸 시간과 돈을 준비해야 한다. 2014년 겨울 동남아 배낭여행을 끝내며 지겹도록 여행만 해보자고 결심한 나는 한국에서 돈을 벌기로 다짐했다.

처음 내 계획은 1년 정도 돈을 모아서 그 돈으로 1~2년 세계여행을 하는 것이었다. 일단 경기도 본가를 떠나 일자리가 많은 서울로 떠났다.

내게 입사란 '여행 자금을 모으기 위한 하나의 수단'일뿐 이었으니, 특정 기업에 들어가고 싶다거나 하는 목표는 애초에 없었다. 그저 정상적으로 회사 생활을 하고 제때 임금을 받을 수 있는 곳이면 충분했다. 얼마 지나지 않아 내 조건에 맞는 회사에 입사를 했다.

 신입이라서 월급은 적었지만 회사 규모가 꽤 큰 편이라 이전에 다녔던 회사들과는 달랐다. 내 나이 만 25살. 사원증을 목에 걸고 삼성역 대로변을 거닐 때면 '어엿한 이 사회의 일원'이 된 기분이었다. 여행에 필요한 돈을 벌기 위해 들어간 회사였지만 회사원이라는, 어느 조직에서 내 자리 하나가 있다는 사실이 만족스러웠다.

 그렇게 한 달, 한 달 최선을 다해 일했고 돈을 벌었다. 돈이 모이는 속도는 내 예상보다 느렸다. 최저 시급에 가까운 월급을 받으면서 서울이라는 타지에서 목돈을 모은다는 것은 긴 시간을 필요로 했다. 그때 내 계획은 수정됐다. 1년이라는 기간을 정해놓지 말고 한 달에 설정한 금액을 차곡차곡 돈을 모으자고.

 통장에 돈이 모이는 속도와는 다르게 회사원으로서의 하루는 너무도 빨리 지나갔다. 그 하루하루는 쌓이고 쌓여서 나는 퇴근 후에도 업무 고민을 하는 열정적인 사원이 되어가고 있었다. 목에 건 사원증은 점점 가슴 속으로 스며들어 처음 이 회사에 들어간 목적을 잊게 해줬다. 내가 얼마나 여행을 사랑했고, 여행을 갈망했는지 따위의 뜨거움은 미지근해져만 갔다.

사원증을 목에 건 지 2년이 다 되어가고 있었다. 어느덧 나는 회사에서 인정받는 일 잘하는 사원이 되었다. 그만큼 팀 내에서 내가 하는 일은 많았고, 팀장님은 내게 중요한 업무를 믿고 맡겨주셨다. 회사에서 내 입지는 단단해져 갔다. 이대로라면 앞으로의 회사 생활이 탄탄대로일 것 같았.

회사 생활을 하다가 가끔 고향 친구들을 만나면 내게 물어봤다.
"그래서 너 여행은 언제 가는 거야?"

이 질문을 받을 때면 언제나 자신 있게 "나 돈만 모으면 바로 떠나야지!"라고 말했었다. 하지만 이제는 돈이 문제가 아니었다. 내가 정한 최소 여행 자금은 모았다. 솔직히 나는 아까웠다. 이대로의 삶도 나쁘지 않은 것 같았다. 사회의 다수가 선택한 삶을 살고 있다는 안도감과 한 조직에 내 자리 있다는 안정감은 꽤 만족스러웠다.

그렇지만 여행을 포기할 만큼은 아니었다. 서울에서 생고생하며 만들어낸 내 자리도, 여행이라는 내 꿈도 둘 다 놓기 싫었다. 어떤 선택 앞에서 고민을 한다는 것은 49% vs 51%와 같은 비등비등한 마음이 싸우고 있다는 뜻이다. 그런데 사람의 마음도 살아있기 때문에 계속해서 변한다. 찬찬히 잘 들여다보면 어느 한쪽의 마음이 조금씩 더 커지는 것이 보인다.

시간이 지나면 지날수록 내 마음은 나에게 이렇게 말하고 있었다.
"왜인지는 모르겠지만, 지금이 아니면 안 될 것 같아. 지금 결단을 내리지 않으면 여행을 못 갈 것 같아. 넌 헷갈리는 거야. 넌 현재 '너의 자리'가 아깝다기보다 '익숙함'을 놓기 두려운 것일 뿐이야. 네가 진짜로 원하는 게 뭔지 잘 생각해 봐."

2년 전 방콕 수완나품 공항에서 여행이 끝나는 게 싫다며 눈물을 흘리던 내가 떠올랐다. 감당할 수 없던 뜨거운 마음이 내 온몸을 가득 채웠던 그때. 맞다. 내가 살면서 처음으로, 오로지 나만을 생각하며 찾은 꿈은 여행이었다. 떠나지 않으면 후회할 것 같았다. 두고두고 아주 오랫동안 지금의 나를 원망할 것 같았다. 인생은 결과론이라지만 당장은 지금 내가 내린 결과가 전부이다. 난 결심했다. 단순히 '퇴사'가 아닌 '나를 이루던 모든 익숙함과 이별'하기로.

 그 후, 팀장님께 퇴사를 하겠다고 말씀드렸다. 덧붙여 앞으로의 내 여행 계획에 대해서도 모두 다 솔직하게 말씀드렸다. 내가 맡고 있던 업무가 많았기 때문에 팀장님은 충격적이라며 줄담배를 연신 피우셨다. 그러고는 내게 바로 떠나야 하는 게 아니라면 인수인계 기간을 2개월로 잡아줄 수 있냐고 부탁하셨다. 팀 사정을 누구보다 잘 알고 있었기에 알겠다고 했다.

 퇴사를 말하고 다음 날 아침, 팀장님은 나를 회의실

로 따로 부르셨다. 나는 퇴사 전 또 다른 업무를 부탁하시려는 걸까 걱정하며 회의실 문을 열었다. 팀장님은 자연스럽게 퇴사 후에 여행 계획은 대략 어떻게 되는지 물어보셨다. 그리고 이어서 말씀하셨다.

"슬기 님이 떠나는 건 저로서는 너무 서운하고 아쉽지만 진심으로 멋있어요. 저도 여행을 좋아해서 오랫동안 여행해 보고 싶은 꿈이 있었는데 일에 치여서 살다 보니까 이제는 엄두도 못 내겠네요. 아마 저 같은 사람 많을걸요. 서울에서 슬기 님 여행 지켜보고 응원하고 있을게요. 우리 남은 2개월 동안 마무리 잘 해봐요. 마지막으로, 여행 끝나고 돌아오고 싶으면 언제든 돌아와요."

코끝이 찡해졌다. 고마웠고, 미안했다. 회사를 다니는 내내 밉기도 많이 미웠던 팀장님이었지만 사실 알고 있었다. 나를 무척이나 챙겨주셨던 것을. 정든 사람과 장소를 떠날 생각에 가슴이 아려왔다. 솔직히 내가 이럴 줄 몰랐다. 이 사람들과 이곳을 떠나는 날만을 기다려왔다. 퇴사를 말하는 날은 시원하기만 할 것 같았다. 하지만 막상 시원보다는 섭섭이 조금 더 컸다.

쉽기만 할 것 같았던 이곳, 이 사람들과의 이별은 생각보다 어려웠고, 아팠다.
하지만 이 이별을 결심하고, 이별을 고백하면서 여전히 뜨거운 내 마음을 확인할 수 있었다.

이렇듯 이별은 항상 아프지만 동시에 순기능을 가지고 있다.
이번 이별로 배운 이별의 순기능은,
익숙함에 가려져 가장 깊은 곳에 있던 나다움을 감각하게 해주었다는 것.

이별을 말한 날부터 내 마음은 나에게 이렇게 답해주는 것 같았다.
"그래. 넌 떠나고 싶었어. 넌 떠나야 하는 사람이야."

여행자의 또 다른 말

 2017년 5월 12일, 세계여행을 시작하는 날이다. 내 두루뭉술한 계획은 이러했다. 일단 최소 1년 정도 세계 일주를 하고, 그 후에 상황에 따라 워홀을 하든지 아니면 한국에 다시 돌아가든지를 결정하자는 것이었다. 이 와중에 확실한 것 하나는 1년 동안은 한국에 돌아오지 않고 여행만 주구장창 할 거라는 계획이었다.

 1년 동안 내가 혼자 여행을 무사히 잘 해낼 수 있을까 걱정은 됐다. 그렇지만 1년 동안은 여행의 끝, 그러니까 '여행과의 이별'을 생각하지 않고 맘껏 여행할 수 있다는 사실은 설렜다. 언제 돌아올지 그 끝을 정하지 않고 떠나는 긴 여행은 내게 오래된 로망이었기에 그것만으로 나는 꿈을 이룬 듯했다.

내 여행의 시작을 축하해주듯 하늘도 맑았다. 봄에서 여름으로 넘어가고 있는 5월의 중순, 사람의 살결에 닿는 온도와 습도는 기분 좋음으로 설정된 것 같았다. 엄마와는 집에서 인사를 나눴고, 아빠와 오빠가 인천공항까지 데려다줬다. 고등학교 졸업 이후로 줄곧 집을 떠나 타지 생활을 해왔지만 이렇게 돌아올 날을 기약하지 않고 해외로 떠나는 경험은 처음이다.

 가족과는 길어야 1~2년 못 보는 건데 괜스레 이 모든 것이 마지막 같았다. 공항에 내려 짐을 부치고 나자 오늘 떠난다는 것이 실감이 났다. 떠나는 이날을 얼마나 기다렸는데 막상 떠나려고 하니 앞으로 갈 새로운 곳이 기대되기보다 이곳에 남겨질 사람들이 자꾸만 눈에 아른거렸다.

 아침 일찍 출발해 시간이 여유로웠던 우리는 늦은 아침 식사로 국수를 먹었다. 셋이 한 테이블에 앉아 평범하디 평범한 잔치국수를 먹는데 국물에 뭘 탄 건지 자꾸만 마음속이 울렁거린다. 딸 걱정이 한 가득인 아빠에게 이 울렁거림을 들킬 순 없었다. 한껏 덤덤한

척 연기를 해주고, 국수 한 그릇을 싹싹 비워냈다.

 이제 정말로 아빠, 오빠와도 헤어져야 할 시간이 왔다. 파란색 배경에 '출발'이라고 크게 써 붙인 곳 앞에 다다랐다. 요 몇 달 분명 본가에서 살면서 부모님 얼굴을 매일 봤는데 헤어지기 전 아빠 얼굴에는 주름살이 왜 더 많아진 것 같은지. 평소에 보이지 않았던 눈가의 잔주름과 이마 위에 흰머리가 선명하다. 가슴 속에서는 또 한바탕 파도가 일렁인다.

 내 몸에 누군가의 손끝이라도 닿는다면 그 감정이 뭐가 됐든 눈물로 터져 나올 것 같았다. 그래도 내 전문은 '참기'니까. 목 끝으로 차오르는 온갖 감정들을 능숙하게 밀어 넣고 아빠와 잡고 있던 오른손을 놓았다. "나 이제 들어갈게!" 아빠를 보며 해맑게 말했다. 아빠는 언제나 그랬듯 안전하게만 잘 다녀오라고 말했다. 또 언제나 그랬듯 "힘들면 언제든 돌아와."라고 말했다.

 출국장 안으로 들어간 후 뒤돌아보니 조금 전만 해

도 나를 향해 손을 흔들던 아빠와 오빠의 모습이 보이지 않았다. 그제야 아침부터 지금까지 꾹꾹 누르고 눌렀던 감정들이 두 눈을 통해 터져 나왔다. 가슴이 아려왔다. 분명 내가 원해서 떠나는 여행이고, 내 꿈인데 미안했다. 여기에 남겨진 사람은 다름 아닌 나란 사람을 이루고 있는 원초적인 익숙함, 따뜻함인 가족이기에.

 이렇게 내 여행은 이별로 시작됐다.

지금 내가 바라보는 그날

장기 여행을 떠나기 전에는 몰랐다.
장기 여행을 생각하면,
'몸보다 큰 배낭, 검게 그을어진 피부, 세계 곳곳에서 만난 새로운 친구들, 처음 먹어보는 생소한 음식, 20시간이 넘는 장시간의 이동, 가끔 현지인들에게 사기당하는 에피소드' 같은 것들이 떠올랐다.

그러나 오랜 시간 여행자로 살아보니 아니었다.
세상에서 가장 익숙한 사람을 남겨두고 떠나는 일.
낯선 길 위에서 만난 낯선 사람과 같은 길을 걸으며 친구가 되고,
다시 자신의 여정을 가기 위해 헤어지는 일.
언제 다시 만날지 모르는 그 언젠가를 진심으로 기약하며 이별하는 일.

이것이 바로 여행자가 하는 일이었다.
여행의 시작에도, 여정에도, 끝에도 모두 이별이 있었다.

그렇다.
여행자의 또 다른 말은 '이별하는 사람'이었다.

호루라기 그리고 아빠
~~~~~~~~~~

여행을 시작했던 첫날부터 70일이 지난 지금까지 내 몸에 항상 지니고 다니는 것이 있다. 여권, 휴대폰, 현금을 넣고 다니는 작은 힙색 가방이다. 그리고 그 가방 가장 안쪽 구석에 자리 잡고 있는 작은 물건이 하나 있다. 그것은 바로, 전자 호루라기.

이 여행을 결심하고 떠나기 몇 달 전쯤, 부모님께 앞으로의 내 여행 계획에 대해 말씀드렸다. 엄마 아빠는 이미 어느 정도는 예상했던 일이라는 듯 그리 놀라지 않으셨고, 오히려 엄마는 첫 국가로 어디를 갈 거냐고 물으셨다.

이런 반응이 일반적인 가정에서는 조금 특이할 수 있다. 그런데 이미 친오빠가 긴 여행과 호주 워킹홀리데이를 1년 8개월 동안 하고 돌아와서 그런지 '그다음은 애겠지..'라고 은연중에 예상하셨던 것 같다. 그러고 보면 우리 부모님도 비슷한 남매 낳아서 참 특이한 경험을 하고 계신다.

퇴사 후 출국 전까지 집에서 2개월 정도를 보내던 중 평범한 어느 날이었다. TV를 보며 소파에 팔자 좋게 늘어져 있는 내게 아빠가 물어보셨다.
"여기 학교 주변에 문구점 있잖아, 거기 지금 같이 가볼래?"

그때 나는 뜬금없이 왜 갑자기 문구점인가 싶어서 "왜? 아빠 뭐 살 거 있어?"라고 퉁명스레 대답했다. 아빠는 "거기 호루라기 팔겠지?"라고 물어보셨다. 그러고는 내게 여행 갈 때 호루라기 하나라도 챙겨가야 하지 않냐며 같이 사러 가자고 하셨다.

솔직히 나는 너무 귀찮았다. 또 속으로는 '무슨 일이 생기겠어...'하는 생각과 '만약 무슨 일이 생긴 들 호루라기가 있다고 크게 달라질까?' 하는 안일한 마음이

들었다. 나는 아빠한테 "나중에 내가 나갈 일 있을 때 사 올게!"라고 말했다.

며칠 후, 나는 당연히 호루라기의 존재를 잊고 있었다. 그날도 어김없이 온몸을 소파에 맡긴 채 거실에서 TV를 보는데 아빠가 노트북으로 뭔가를 열심히 검색하는 모습이 보였다. 뭘 그렇게 열심히 찾나 순간 궁금해져서 아빠 어깨너머로 노트북 창을 쳐다보았다.

여러 개 띄어진 인터넷 창에는 '호신용 호루라기, 전자 호루라기, 호신용품'이 적혀있었다. 그 순간 심장을 주먹으로 제대로 맞은 것처럼 왼쪽 가슴팍이 욱신거려왔다. 아빠는 일부러 티를 안 냈지만 나의 안전을 무척 걱정하고 있던 것이다. 아빠가 그동안 얼마나 많은 밤을 설치며 내 걱정을 했는지 그 마음이 노트북 화면 너머로 보이는 수많은 인터넷 창이 말해주는 듯했다.

나는 아빠 곁으로 가서 말했다.
"아빠 내가 그거 찾아서 오늘 정말로 살게, 너무 걱

정하지 마"

 아빠는 됐다고, 이건 아빠가 꼭 사주고 싶다고 하셨다. 2일 후 바로 우리집에 도착한 호신용 전자 호루라기. 신기하게도 USB로 충전이 가능하고 빨간색 버튼을 누르면 엄청 높은 데시벨의 소음에 가까운 소리가 울려 퍼졌다. 아빠는 그 소리를 들으시더니 만족한 듯했다. 이 시끄러운 소리가 당신의 딸을 위험으로부터 조금이라도 보호해 줄 수 있지 않을까 하는 생각에.

 한 살, 한 살 더 나이를 먹고 머리가 커가면서 보이기 시작하는 것이 있다. 바로 부모님의 인생. 우리 엄마, 아빠도 나처럼 그들의 인생이 있었겠구나, 때론 꿈도 꿨고, 망설이고, 실패하기도 했고, 또 무엇인가를 지켜내려고 노력했겠구나.

 내가 돌아본 아빠의 인생은 아마도 반 이상이 가족이 아닐까 싶다. 내가 기억하는 아빠의 삶의 1순위는 언제나 가족이었다. 나에겐 세상 어떤 아빠보다 다정하고 따뜻한 아빠이다. 이제야 아빠의 인생이, 그 마음이 조금씩 느껴지기 시작했다.

 예전에는 아빠의 마음에 대해 '고맙다.' 였다면, 이제는 지금까지 참고 이해해야 했던 아빠의 인생에 '미안하다'라는 생각이 먼저 든다. 이제는 내가 아빠를, 아빠의 인생을 이해하고 사랑해야겠다고, 그렇게 말하고 싶다.

 이 여행이 끝날 때까지 내 작은 가방 속에 호루라기는 늘 그 자리에 있을 것이고, 여행이 끝난 후에도 마음속 깊은 곳에 그 호루라기를 늘 품고 살아갈 것이다.

여행 속 첫사랑

　세계여행을 준비하면서부터 '인도'라는 나라는 내게 숙제 같은 곳이었다. 순도 100% '너무 가고 싶어!'의 마음은 아니었다. 여행자들 사이에서 극과 극으로 호불호가 나뉜다는 인도가 궁금하기도 했고, '세계 여행자라면 인도는 가야 할 것 같은' 의무감이 있었다. 그래. 이왕 인도에 갈 거면 제대로 여러 지역을 여행하자 마음먹고 6개월 여행 비자를 받아놓았다.

　세계여행을 시작한 지 100일이 됐을 무렵, 동남아 일주를 마치고 인도 델리에 입성했다. 인도 여행의 첫 번째 목적지는 북인도 '라다크' 지역이다. 라다크는 전 세계에서 손꼽히는 높은 곳이라 겨울에는 눈 때문에 도로가 닫히기도 한다. 또 국경 지역이라서 국제관계에 따라 길이 막히기도 한다. 그래서 라다크 지역은 여러모로 타이밍이 잘 맞아야 여행할 수 있다.

하지만 내가 누구인가. 다른 운은 몰라도 여행 중에 날씨운, 축제운, 시기적절한 운(?)은 타고난 사람이다. 8월이라서 북인도 육로도 열려 있었고, 주변 국가와 관계가 크게 나쁘지 않을 때라 위험한 상황도 아니었다. 게다가 나는 인도에 입국하자마자 뉴델리 공항에서 동행 P를 운 좋게 만났다. P는 2주 동안의 북인도 여행을 하기 위해 나왔다고 했다. 어쩜 여행 루트도 나와 딱 맞았다.

라다크의 가장 큰 도시인 레(Leh)로 가는 방법은 크게 두 가지가 있다. 첫 번째는 비행기를 타고 델리 공항에서 레 공항으로 가는 방법(1시간 소요), 두 번째는 버스를 타고 델리에서 마날리(15시간 소요)까지 이동 후, 차를 타고 마날리에서 레까지 가는 방법(추가로 18~20시간 소요)이 있다. 레는 해발 고도 3,500m가 넘는 고산 지역이기 때문에 다녀온 사람들은 육로로 가면서 천천히 고산에 적응하는 게 좋다고 추천해 줬다.

P와 나는 육로로 가기로 결정했다. 먼저 델리에서 마날리로 가는 슬리핑 버스를 탔다. 참 사람 인연이라는 게 얼마나 신기한지 마날리로 가는 버스에서 3명의 한국 여행자를 만났는데 그분들도 모두 라다크를 가기 위해 마날리로 간다고 했다. 그렇게 우리 다섯 명은 자연스럽게 마날리부터 북인도 라다크까지 쭉 함께 여행하게 되었다.

 마날리에서 레로 가는 길은 생사를 넘나들었다. 우리가 일반적으로 알고 있는 포장도로를 생각하면 안 될뿐더러, 레로 가려면 해발고도 5,000m가 넘는 도로를 지나가야 한다. 도로 옆에 가드레일 따위는 없다. 레로 가는 길은 운전기사가 잠깐 다른 생각을 하면 절벽 아래로 굴러떨어지는 곳이다. 18시간 동안 그 도로 위를 월미도 디스코 팡팡을 타면서 간다고 생각하면 된다.(창밖에는 이미 굴러떨어진 차들이 여러 대 있었다.)

 운전기사님이 안전하게 운전을 잘해주신 덕분에 마

날리에서 19시간이 걸려 무사히 레에 도착할 수 있었다. 아마 많은 여행자들이 라다크 레 지역을 오는 이유는 판공초 호수를 보기 위해서 일 것이다. 영화 세 얼간이 엔딩 장면에 나와 더욱 유명해진 판공초는 수많은 여행자들 사이에서 버킷 리스트로 꼽힐 정도이다. 이틀 동안 고산에서 적응 기간을 갖고, 우리는 판공초 + 누브라벨리 4박 5일 지프 투어를 떠났다.

레에서 지프차를 타고 6시간을 달려가니 판공초가 눈앞에 나타났다. 원래 어떤 것이든 기대가 크면 실망하기 마련이다. 하지만 판공초는 달랐다. 여느 영상, 사진으로 본 것보다도 실제로 본 판공초는 어떤 말로 형용할 수 없을 만큼 멋졌다. 단순히 '멋있다. 아름답다'라는 표현보다는 '신비롭다'라는 표현이 더욱 어울렸다. 함께 여행했던 친구들 모두 입을 다물지 못하고 계속 "우와... 진짜... 멋있다..."를 연발했다.

낮에도 판공초 모습에 끝없이 감탄했지만 우리는 밤에도 감탄을 멈출 수 없었다. 태어나서 처음 보는 수많은 별빛에 정신을 차리지 못했다. 4,000m가 넘는 고도 위에서 바라본 하늘은 죽을 때까지 잊지 못할 것 같았다. 어찌나 하늘에 별이 빼곡하게 가득 차 반짝이는지 밤하늘이 검은색이라고 말하기 민망할 정도였다. 반짝이는 하늘을 조금 멍하니 바라보고 있으면 여기저기서 별똥별이 마구 떨어졌다.

사람들이 인생 여행지 한 곳을 물어보면 난 '북인도 라다크'를 말했다. 가장 큰 이유는 어디에서도 보지 못한 신비로웠던 풍광 때문이다. 중요한 또 다른 이유는 바로 함께 했던 사람들 때문이다. 우리는 애초에 서로의 존재조차 모르던 사람들이었는데 시작부터 끝까지 미리 짜놓은 것처럼 모든 게 다 잘 맞았다. 5명의 여행 일정부터 여행하는 스타일, 개개인의 성격까지.

장기 여행을 하게 된다고 해도 이렇게 2주 동안 긴 이동과 더불어 온종일 잠까지 같은 공간에서 자면서 단체 생활을 하게 되는 경우는 드물다. 그리고 이렇게 내내 붙어있으면서 단 한 번도 불편한 일이 없었다는 것 또한 드문 일이다. 그 드물고, 드문 일을 나는 북인도 여행을 하며 이들과 함께했다. 이들과 함께 여행할 때 나는 많이 웃었고, 정말 행복했다.

 나의 세계여행 중에서 라다크는 '첫사랑' 같은 존재이다. 라다크를 떠나고 나서 그때를 한참 그리워했었다. 원래 사랑 속에 홀로 남겨진 사람의 시간은 가장 느린 법. 국경을 넘고, 장소와 사람은 계속 변할지라도 난 오랫동안 라다크의 기억 속에 살았었다. 라다크를 떠올릴 때면 나는 진심으로 돌아가고 싶었다.

 '인도'라는 특수한 장소가 내게 준 긴장감과 설렘, 태어나 처음 보는 자연환경과 풍경이 준 아름다움을 넘은 경이로움, 그 속에서 만나 같은 곳을 향해 갔던 인연들이 준 동질감과 안도감이 황금 레시피처럼 아주 절묘하게 섞였다.

 이렇듯 한 사람에게 '첫사랑' 같은 인생 여행지로 남기 위해서는 온갖 타이밍이 다 맞아야 한다. 날씨만 좋아서도 안 되고, 풍경만 좋아서도 안 되고, 사람만 좋아서도 안 된다. 드라마 보다 더 드라마처럼 모든 상황이 딱딱 맞아떨어져야 여행 속에서도, 여행이 지나고 나서도 그 순간이 각인되는 것이다.

 앞으로도 긴 여행을 하며 두 번째, 세 번째 사랑을 또 만나겠지만 난 첫 번째 사랑인 라다크는 쉽사리 잊지 못할 것 같다. 아니 영영 잊히지 못할 것 같다. 원래 '첫', '사랑'은 그런 거니까.

훈자에서 받은 따뜻한 공격

파키스탄 훈자 마을은 장기 여행자들 사이에서 블랙홀이라 불리는 곳이다. 한번 빠지면 헤어 나올 수 없다고. 훈자 마을에 대한 여러 여행기를 읽다 보면 하나같이 훈자에서 만난 사람들은 너무 친절하고 따뜻해서, 그 마음을 잊을 수 없어 다시 오게 되는 곳이라고 했다. '어떻게 마을 사람들이 다 친절할 수가 있지? 글 쓴 사람들이 운이 좋았던 거 아닐까?' 하는 의심 가득한 마음이 컸다.

동행자인 H 언니와 나는 24시간 동안 장거리 이동을 거쳐 힘겹게 훈자에 도착했다. 오는 길이 워낙 힘들어서 '이렇게 고생해서 갔는데 훈자 별로이기만 해봐..' 하는 마음이 있었다. 그런데 훈자는 훈자였다. 왜 많은 여행자들이 훈자를 좋아하는지 짧은 시간에 알 수 있었다. 온 마을 휘감고 있는 설산 때문일까. 하루, 하루 지날수록 훈자 마을 특유의 분위기에 빠져들어 갔다.

 훈자에는 치명적인 단점이 있었다. 바로 음식이었다. 아무래도 산속 깊은 곳에 위치해서 식재료도 다양할 수 없었고, 인구가 얼마 되지 않기 때문에 시내 상권은 무척 협소했다. 쉽게 먹을 수 있는 음식은 파키스탄식 볶음밥인 브리야니 아니면 카페에서 사 먹는 빈약한 샌드위치가 전부였다. 시간이 흐를수록 우리는 뜨끈뜨끈하고 매콤한 한식이 절실해졌다.

 우리가 머물던 숙소와 가까운 곳에 한식당이 하나 있었다. 그런데 아직 개업을 하지 않은 건지 제대로 된 간판도 없었다. 매직으로 급하게 쓴 '아리랑 식당'이라는 글자만 적혀있었다. 한식 비슷한 거라도 먹을 수 있지 않을까 하는 기대감에 문을 열고 들어갔다. 20대로 보이는 젊은 남자 사장님이 우리를 보고 반갑게 인사했다. 사장님은 '이삭(Essak)'이라고 자신의 이름을 소개했다.

얘기하다 보니 이삭은 이 가게를 개업한 지 2주도 채 되지 않았다고 했다. 음식도 아직 서툴러서 유튜브에 올라온 한식 레시피를 보고 만든다고 했다. 신기한 건 워낙 음식 솜씨가 좋은 건지 양배추로 만든 김치인데 꽤나 김치스러웠다. 무엇보다 이곳은 훈자에서 '신라면'을 먹을 수 있는 유일한 곳이었다. 그 이후로 우리는 한식이 그리울 때면 아리랑 식당을 찾아갔다.

 우리가 갈 때마다 이삭은 항상 옆 테이블에 앉아서 말을 걸었다. 특히 '훈자는 어디를 가봤냐, 혹시 이글 네스트 가고 싶지 않냐, 가고 싶다면 내가 친척한테 말해서 싸게 지프차를 구해주겠다.'처럼 훈자 관광에 대한 질문을 계속했다. 이삭이 친척의 비즈니스를 도와주기 위해 이러한 질문을 한다고 생각했다. 이삭은 우리를 '친구'라기보다 '고객'으로 대한다고 여겼다.

 그러던 어느 날이었다. 그날도 우리는 아리랑 식당에 가서 신라면 2인분을 시켰다. 이삭이는 모락모락 김이 나는(살짝 물이 많은) 신라면을 테이블에 놓고,

자연스레 우리 옆 테이블에 앉았다. 대화는 흐르고 흘러 '이삭의 꿈'에 대해 이야기하게 되었다. 이삭은 한국이나 일본으로 나가 자영업 관련된 일을 배우며 살아보고 싶다고 했다.

혼자 여행객 중 한국인과 일본인을 자주 만났던 이삭은 특히 한국 사람에 대한 기억이 참 좋다고 말했다. 하지만 파키스탄 사람들은 다른 나라에 나가기 위해 관광비자마저도 받기 어렵다며 우리에게 넋두리했다. 그런 이삭의 고충과 그의 꿈 이야기를 듣다 보니 이삭이라는 사람이 조금은 다르게 보였다.

이야기를 나누며 금세 밥을 다 먹은 우리는 이삭에게 훈자에서 카페 드 훈자(유일하게 에스프레소 기계로 만든 커피를 마실 수 있는 카페) 말고 커피를 마실 수 있는 다른 카페가 있는지 물어봤다. 카페 드 훈자는 분위기도, 커피 맛도 좋았지만 매일 가기에는 장기 여행자에게 부담스러운 가격이었다.

이삭은 우리에게 "잠깐만 기다려봐!"라는 말만 남기

고, 갑자기 가게 밖으로 나가 어딘가로 뛰어갔다. 10분 후 다시 가게로 뛰어 들어온 이삭은 헉헉거리며 숨을 골랐다. 이삭은 왼쪽 팔을 우리 테이블을 향해 뻗더니 주먹을 쥔 손을 내보였다. 주먹 안에는 휴지가 쥐어져 있었고, 그 휴지를 우리 테이블 위에 올려놓았다. 그리고 이삭은 우리에게 이렇게 말했다.

"너네가 원하는 건 아니지만 이거라도 먹을래?"

돌돌 말려있는 휴지를 펼쳐보니 그 안에는 갈색빛 인스턴트커피 가루가 들어있었다. 커피 가루를 보자마자 나와 H 언니는 동시에 서로를 쳐다봤다. 둘 다 아무 말은 하지 않았지만 같은 마음이었다. 이 인스턴트커피 가루는 작은 슈퍼 마켓에서도 누구나 쉽게 구할 수 있다. 하지만 이삭이 우리말을 듣자마자 헐레벌떡 뛰어나가 얇은 휴지 한 장에 감싸 온 이 커피 가루는 어디에 가도 구할 수 없다.

나는 지금까지 이삭이 우리를 반겨주고, 인사하는 것이 단지 비즈니스적인 행동이라고만 생각했다. 이

휴지에 돌돌 말려 가져온 커피 가루를 보고 그동안 내가 생각했던 것이 잘못됐다는 것을 한순간에 느낄 수 있었다. 난 그런 이삭에게 고마웠고, 미안했다.

그날 저녁, 숙소에서 쉬고 있던 중 이삭에게 연락을 받았다. 몇 분 후 우리 숙소 쪽에 들를 테니 잠시 나오라는 메시지였다. 해가 떨어지면 급격히 추워지는 훈자의 날씨 때문에 오후 6~7시가 넘으면 방 밖으로는 거의 나가지 않았었다. 우리 둘은 왜 갑자기 이 저녁에 부르는지 영문도 모른 채 오들오들 떨며 우리 방과 멀리 떨어져 있는 숙소 리셉션으로 향했다.

몇 분 뒤 이삭은 하얀 봉지를 든 채로 우리에게 나타났다. "이거 우리 집 농장에서 기른 복숭아야. 아직 덜 익었는데 너네 한번 먹어봐"라고 하며 우리에게 대뜸 봉지를 내밀었다. 이건 또 무슨 상황인 걸까. 오늘 커피에 이어 이삭은 우리의 마음에 감동을 불어 넣으려고 작정한 것일까.

오늘 낮에 같이 훈자에서 나오는 과일 이야기를 하

다가 복숭아를 먹어봤냐는 이삭의 질문에 아직 못 먹어봤다고 했었다. 그 대화를 기억하고 이삭은 자기네 집에서 직접 기른 복숭아를 따서 이 저녁에 찾아온 것이다. 우리는 또 한 번 이삭에게 고마웠고, 그동안 우리가 이삭을 오해했다는 생각에 미안했다.

사람은 자신의 마음과 눈으로 세상을 볼 수밖에 없다고 하지 않던가. 나는 한국에서도 항상 사람을 잘 믿지 못했다. 나는 타고난 마음이 약하고 무른 사람인 것 같았다. 그래서 관계의 끝에 내 가슴에는 잔 상처가 많이 남아있었다. '어른'이라는 가면을 쓰고 만나는 어떤 인간관계에서든 먼저 온 마음을 다해 믿음을 준 적도, 사랑을 준 적도 없었다. 훗날 상처받고 아파할 내가 두려웠기 때문이다.

나는 항상 노심초사하며 그들의 마음을 먼저 살피고 내 나름의 필터를 거쳤다. 그다음 그들을 바라봤고, 멋대로 판단했고, 그제야 내 마음을 줬다. 이런 비겁한 겁쟁이가 나였다. 하지만 훈자에서 만난 이삭이를 포함한 대부분의 사람들은 나와 달랐다. 그들이 갖고 있는 따뜻한 시선과 마음으로 사람을 바라봤고, 그렇게 대했다.

내가 어렸을 때부터 좋아했던 이솝 우화 중 한 에피소드가 있다. 해님과 바람이 한 나그네의 외투를 벗기기 위해 내기를 한다. 바람이 강하게 나그네에게 몰아붙이지만 그럴수록 나그네는 펄럭이는 외투를 더욱 꽁꽁 싸맨다. 그다음에는 해님이 따뜻하다 못해 뜨거운 햇살을 나그네에게 계속 비추자 나그네는 외투를 벗는다.

혼자에 있을 때 한 사람, 한 사람을 겪으며 꼭 내가 나그네가 된 것 같았다. 늘 사람에 대해 의심을 품고, 믿지 못하던 나였다. 조금이라도 내가 다칠까 두려워 내 마음을 꽁꽁 싸맸다. 그렇게 꽁꽁 싸맨 마음은 추웠고, 외로웠다. 이런 내 마음을 무장해제 시킨 것은 결국 사람이 주는 따뜻함의 연속이었다.

내가 돈, 시간을 쓰며 고생하는 이 비효율적인 여행이라는 행위에 빠진 이유는 이것이다. 여행은 나란 사람이 마음 깊은 곳에서 갈망하는 것이 무엇인지, 나란 사람이 이 세상에 무엇을 나누고 싶어 하는지를 알게 해준 가장 가치 있는 행위이다.

낯설고 두려운 땅 위에서 실오라기 하나 걸치지 않는 나의 맨 마음을 보게 되었다. 나의 마음 깊은 곳에는 인간과 인간 사이에서 오가는 따뜻함을 갈망했으며, 이 세상에 그 따뜻함을 나누고 싶어 했다. 그랬을 때 내 마음은 가장 편안했다. 내 마음이 내 것이라고 느꼈던 적이 거의 없었는데, 그때는 내 마음이 내 것 같았다.

사모사 할아버지

 오늘은 훈자에 들어온 지 2주가 되었다. 떠나기 싫지만 이제 훈자를 떠나야 할 때가 왔다. 이번 여행은 파키스탄 훈자 마을만 계획하고 나온 것이 아니기에 다른 지역으로 이동해야 했다. 마음 같아서는 훈자에만 한 달 정도 머물고 싶지만 다음을 기약하고 H 언니와 나는 내일 훈자를 떠나기로 했다.

 훈자를 떠나려고 하니 막상 준비해야 할 것들이 많았다. 우선 여행사에 들러 버스 티켓부터 예약을 했다. 그다음으로는 훈자에서 이슬라마바드까지 가는 버스에 외국인은 제출해야 하는 여권 사본 10장, 파키스탄 비자 사본 10장을 준비해야 했고, 숙소비를 미리 내야 해서 ATM에서 현찰도 찾아야 했다. 마지막으로 가장 중요한 일은 그동안 우리에게 이해하지 못할 따뜻함을 선물해 준 훈자 친구들을 만나 작별의 인사를 해야 했다.

복사를 마치고 우리가 서둘러 간 곳은 세계에서 가장 맛있는 사모사를 만드는 우리의 친구, 사모사 할아버지가 있는 가게이다. 사모사 가게는 우리가 훈자에 온 지 며칠 되지 않았을 때 발견한 곳이다. 우연히 사모사 가게 앞을 지나가는데 손 글씨로 쓴 'KORIEN SUNMI SAMOSA'라는 종이 간판을 봤다. 혹시 KORIEN이 KOREAN을 잘못 쓰신 건지 궁금했다.

우리는 가게에 들어가 사모사와 짜이를 주문했다. 그리고 주인 할아버지께 여쭤봤다. 그러자 우리가 생각하는 KOREAN이 맞다며, 몇 년 전 훈자를 여행했던 한국인 친구 이름이 선미라고 말씀하셨다. 그 선미를 생각하며 만드신 간판이자 가게 이름이라고. 우리가 스펠링을 고쳐드리겠다고 하자 할아버지는 이번에는 너희 이름도 같이 넣어서 써달라고 하셨다.

그리하여 훈자 사모사 가게 이름은 'SEUL GI,

HYUN, SUNMI KOREAN SAMOSA'가 되었다. 훈자에 있는 동안은 2~3일에 한 번꼴로 할아버지네 가게에 가서 사모사와 짜이를 먹었다. 할아버지의 젊은 시절 이야기와 다른 한국인 친구들 이야기도 듣고, 그 친구들이 쓴 편지들을 보여주시기도 했다.

2주 만에 정이 들었는지, 사모사 할아버지한테 가는 길이 마음이 좋지 않았다. 우리가 떠난다고 하면 아쉬워하실 할아버지의 표정이 그려졌다. 가게에 들어서니 내일 우리와 함께 훈자를 떠나기로 한 부부 언니 오빠가 미리 도착해 할아버지와 담소를 나누고 있었다. 오빠는 할아버지의 얼굴을 그 자리에서 그려서 선물해드렸다. 알고 보니 오빠는 그림 실력자였다.

하루 종일 내일 떠날 준비에 정신없이 오는 바람에 아무런 선물도 준비하지 못한 게 마음에 걸렸다. 오는 길에 작은 선물이라도 살 걸 후회가 됐다. 우리는 그 자리에서 할아버지께 드릴 편지를 썼다. 할아버지의 편지함에 간직되길 바라면서. 우리는 다 같이 둘러앉아 할아버지가 타 주신 짜이를 마시며 마지막이 아닌

듯 평범한 대화를 나누었다.

 내일 아침 일찍 떠나야 하는 우리는 더 오랜 시간을 할아버지와 보내지 못했다. 이제 정말 작별의 인사를 드려야 했다. 다 같이 할아버지와 사진을 찍고, 정말 마지막으로 한 명, 한 명 포옹을 나눴다. 할아버지 눈을 보면 눈물이 터질 것 같아 일부러 고개를 숙이고 눈을 보지 않았다.

 발걸음이 떨어지지 않는 건 우리 모두 같은 마음이었나보다. 똑같은 말을 하고, 또 하고 반복했다. 우리는 조금씩 서로의 시야에서 멀어져 갔다. 그 순간까지 우리는 할아버지께 당부 아닌 부탁의 말씀을 드렸다.

"할아버지 꼭! 건강히 지내고 계세요! 우리가 오래 걸리지 않아 다시 돌아올게요..!!
 정말 보고 싶을 거예요.. 꼭 꼭 건강히 지내세요!!"

 우리 넷은 무거운 발걸음을 억지로 옮겼다. 이제는 할아버지가 가게 안으로 들어가셨겠지 싶었을 때 나는 뒤를 돌아봤다. 여전히 할아버지는 가게 밖에서 멀어져 가는 우리의 뒷모습을 바라보며 손을 흔들고 계셨다. 그리고 멀리서도 볼 수 있었다. 할아버지 눈에 눈물이 가득 차 있다는 것을. 그제야 나는 이별을 혼자 감당해야 하는 할아버지의 마음이 걱정되었다.

할아버지는 그 자리에 서서 몇 번의 작별 인사를 하셨어야 했을까.
몇 번이나 멀어져 가는 뒷모습을 눈물 가득한 눈으로 바라보셔야 했을까.

이별의 순간이 올 때마다 나는 먼저 '떠나는 사람'이 덜 힘들다고 생각했다. 그래서 긴 연애의 끝에서도, 길 위에서 만난 짧은 만남의 끝에서도 '남겨진 사람'이 되지 않기 위해 발버둥 치며 살아왔다. 늘 나는 떠나는 사람의 마음만을 걱정하고 또 그 상처만 바라보았다. 한 번도 멀어지는 나의 뒷모습을 바라보아야만 했던 남겨진 누군가의 두 눈과 그 눈물을 알아채지 못했다.

오늘, 점점 작아지는 우리의 뒷모습을 보며 그 자리에 남아 눈물 흘리던 할아버지의 마지막 모습을 보고 나는 이제야 알았다. 남겨질 수밖에 없는 그 사람이 겪어내야 할 아픔과 상처를. 결론을 이미 다 알고 있으면서도 나눠 줄 수밖에 없던 그의 진심과 온기가 얼마나 소중한 것이었는지를.

베나울림에서의 하루

　많은 관광객들은 멋진 해변을 즐기기 위해 남인도 고아를 찾는다. 하지만 내가 고아를 온 이유는 단순했다. 주류 면세 지역이기 때문에 맥주가 콜라보다 싸다는 점, 과거 포르투갈 식민지였기에 소고기를 먹을 수 있는 도시라는 점. 이게 다였다. 나는 어느 해변 마을이 있는지도 모른 채 그저 맥주와 소고기를 먹으러 고아에 도착했다.

　고아에는 많은 해변 마을이 있다. 이름만 들어서는 어디를 가야 할지 몰라 친오빠에게 SOS를 쳤다. 나보다 세계여행을 먼저 다녀온 여행 선배님인 친오빠는 고아 지역을 오래 여행했기 때문이다. 오빠는 베나울림이라는 해변 마을을 가면 내가 좋아할 것이라고 했다.

베나울림은 작은 동네였고, 비수기라서 문을 연 식당은 손에 꼽았다. 그런데 이상하게도 심심하면서도 고요한 이 분위기가 마음에 들었다. 역시 친오빠는 나의 취향을 간파하고 있었다. 여행자라고는 나와 몇몇 외국인 가족이 전부이던 이 마을에 하루하루 지내다 보니 난 13일이나 머물게 된다.

 베나울림에서의 일상은 단조로웠지만 그리 지루하지는 않았다.
 아침에 눈이 일찍 떠져도 침대에서 누워있고 싶은 만큼 누워서 뒹굴거렸다.
 침대 위에서 휴대폰을 보다가, 노래를 틀고 천장을 바라보고 멍 때렸다.
 그러다 씻고 싶을 때쯤 천천히 몸을 일으켜 세운 후 화장실로 향했다.
 따뜻한 물로 몸을 충분히 적셔가며 느긋하게 샤워를 즐겼다.
 화장하고 아침 겸 점심을 먹으러 나갔다.
 걷다가 들어가고 싶은 레스토랑, 혹은 자주 가는 크러쉬 카페를 들렸다.

바다가 보고 싶은 날이면 바닷가로 향했다.

원하는 만큼 양껏 바닷가를 구경한 후 다시 숙소로 돌아와 뜨거워진 피부를 식히고, 노트북을 챙겨 베나울림에서 유일하게 아메리카노를 먹을 수 있는 coffee stop으로 갔다.

시원한 아이스 아메리카노 한 잔, 가끔은 사장님 부인께서 직접 만들었다는 꾸덕꾸덕한 치즈 케이크를 먹으며 해가 질 때까지 카페 2층 테이블에 홀로 앉아 밀린 블로그 여행기를 써 내려갔다.

출출해질 때 작은 마켓에 들려 킹피셔 맥주 스트롱 2캔(가끔은 욕심을 부려 4캔도 산다.), 감자칩 1개, 비스킷 1개를 골라 담고는 숙소로 향했다. 검은 봉지를 달랑달랑 손에 들고 도착한 숙소에는 술친구들이 날 기다리고 있었다.

인터넷이 안 되는 내 방에서 외장하드에 담아온 좋아하는 영화를 틀어놓고, 영화 속 주인공들을 술친구 삼아 맥주를 마셨다.(내 베프 술친구들은 500일의 썸머의 고든 레빗, 비포 선라이즈의 에단 호크이다.)

킹피셔 스트롱 답게 2캔이면 술기운이 돌아 나른해졌다.

내 술친구들에게 인사를 한 후, 재빨리 샤워를 하고 딱딱한 침대 위에 몸을 눕혔다.
천장에 쉼 없이 돌아가고 있는 큰 팬을 멍하니 바라보다 보면 눈이 끔뻑끔뻑 감겨왔다.
이렇게 베나울림에서의 하루, 하루가 흘러갔다.

하루에 "헬로우", "하우머치?", "땡큐" 단 세 마디를 할까 말까 했던 베나울림에서의 일상은 때론 지독하게 외로웠다. 그렇지만 새로운 친구를 만들고 싶지는 않았다. 모르는 사람이 친구가 되고, 이야기를 나누고, 마음을 나누고, 다시 모르는 사람으로 돌아가는 이 과정을 또 다시 하고 싶지 않았다. 몇 개월 동안 반복되는 이 굴레에서 고아에서만큼은 벗어나고 싶었다.

특히 매일 밀린 블로그 여행기를 쓰고 나면 나는 허무해졌다. 지난날의 글을 쓸 때면 그때의 나로 돌아가 내가 갔던 곳, 봤던 것, 함께 했던 사람들을 다시 한번 만난다. 글을 다 쓰고 노트북을 덮을 때면, 꼭 달콤한 꿈에서 깨는 것 같았다. 현실은 낯선 곳에 덩그러니 나 혼자였다. 여행 중이면서도 지나간 여행과 그 속의 사람들이 그리웠다.

　보고 싶은 마음에 여행을 같이했던 친구들에게 연락하면 그들은 내 마음과 같지 않았다. 나의 보고픔, 그리움과는 그 온도가 확연히 달랐다. 사실 그게 맞는 것이다. 그들은 내가 아니니까. 나와 같은 감정일 수는 없다. 여행을 마치고 한국으로 돌아간 친구들, 다른 곳으로 떠나 새로운 여행을 즐기고 있는 친구들은 그저 자신의 삶을 살고 있던 것뿐이다.

　그렇지만 그걸 알면서도 서운했다. 여행을 함께 했던 우리는 변치 않길 바랐다. 여행에서 만난 친구는 여행이 끝나면 동시에 끝나는 거라는 그 말은 틀린 것이라고 말하고 싶었다. 우리는 늘 그 자리 그 시간에 같이 있을 줄 알았는데, 나만 그 추억 속 그 시간 속에 홀로 남겨졌다. 그래서 글을 쓰고 나면 허무했다. 과거를 회상하며 글을 쓴다는 것도, 내가 쓴 글도 그 순간 다 싫어졌다.

그러던 중 나는 이 여행의 시작부터 지금까지의 장면들을 찬찬히 떠올려봤다. '행복'이라는 단어를 쉴 새 없이 내뱉었던 순간들이 먼저 그려졌다. 그 장면 안에는 한 장도 빠지지 않고 '사람'이 있었다. 짧지 않은 시간 낯선 길을 동행하며 마음을 나눈 사람들이다. 그리고 헤어지는 순간, 우리는 모두 한목소리로 말한다. 꼭 이 인연 오래가자고. 모두 다 변한다 한들 우리는 변하지 말자고. 하지만 다음 장면에는 변해버린 우리들만 남아있다.

끊임없이 시간은 흐른다. 그 시간 위에서 우리는 새로운 기억과 인연을 만든다. 이전의 기억은 서서히 희미해져 간다. 지금 내 기억이 조금 덜 희미해졌다고 내가 그 사람들을 더 소중하게 여기는 것도, 더 사랑하는 것도 아니다. 다만 이 시기에 내가 그들을 그리워했다는 것뿐이다. 시간이 더 지나 내 기억이 많이 흐려졌을 때 다른 이는 그제야 우리의 추억을 선명히 그릴 수도 있다. 모두에게 시간이 똑같이 흘러가는 것처럼 보여도 기억의 시간은 제각각이니까.

여행을 하면서도 지난 여행의 기억과 그 안에 사람을 그리워하며 깨달았다. 기억도, 그리움도 바람과 같다. 기억이든 그리움이든 나를 찾아오면 추억해 주면 된다. 잊히면 또 잊히는 대로 놓아주면 된다. 바람이 멋대로 불어와 나의 살결을 이리저리 어루만지고 떠나가듯 기억도 그리움도 그렇게 흘려보내면 된다.

늘 혼자였던 고아에서 외로우면서도 외롭지 않았던 이유는 내 안에 살아있는 수많은 기억, 그리움과 이야기를 나눠서이지 않을까.

날 닮은 사람

 그를 처음 만난 건 세계여행의 마지막 여행지, 네팔 포카라였다. 혼자 저녁을 먹고, 하늘이 어두워질 때까지 주변을 걷다가 게스트 하우스로 돌아갔을 때였다. 1층 로비에는 내 또래로 보이는 한국인 남자 1명, 여자 1명이 소파에 앉아 있었다. 로비에 들어가자 그분들은 내게 인사를 해왔다. 자연스레 인사를 나누고 나도 소파에 앉았다.

 남자분은 딱 봐도 장기 여행자 같았다. 여기저기 뜯어진 낡은 배낭과 쪼리 모양 그대로 탄 그의 발등이 얼마나 오랜 시간 동안 길 위에 있었는지 말해주는 듯했다. 그는 지금 막 이 숙소에 도착했다고 자신을 소개했다. 이어서 여성분도 도착한 지 30분도 채 되지 않았다며 그 둘은 내가 오기 전 어색한 인사를 나누고 있었다고 했다.

 반가웠다. 나도 그 게스트 하우스에 머문 지 2일뿐이 되지 않았고, 이전에 인도에서부터 네팔까지 함께 한 동행들은 모두 떠난 상태였다. 사실 동행들을 떠나보내고 헛헛한 마음에 페와호수를 바라보며 혼자 맥주 한잔하고 돌아오는 길이었다. 이런 내 마음을 꿰뚫었는지 그때 남성분께서는 괜찮으면 다 같이 맥주를 마시는 게 어떠냐고 물어왔다. 이날이 그와 만난 첫날이었다.

 세 명으로 시작된 맥주 자리는 어쩌다 보니 총 다섯 명이 됐다. 숙소에서 머물던 또래 여행자 친구들이 하나, 하나 자리를 채우면서 이야기는 더욱 풍성해졌다. 다섯 명 중 세 명은 네팔 히말라야 등반을 위해 포카라에 온 친구들이었고, 나와 그 사람만이 장기 여행자였다. 그 사람은 내가 본 첫인상 그대로 1년 넘게 여행을 하고 있었고, 이미 여러 나라에서 워킹 홀리데이까지 한 친구였다.

그때 우리는 다 같이 맥주를 마시며 노래를 들었는데, 돌아가면서 자신이 듣고 싶은 노래를 플레이리스트에 추가했다. 그런데 정말 신기하게도 내가 좋아하는 가수의 노래가 3번의 한 번꼴로 나왔다. 그 가수도, 노래도 대중적이지 않았기에 놀랄 수밖에 없었다.

내 취향의 노래가 계속되자, 나는 친구들에게 물었다.
"이 노래랑, 조금 전에 짙은 노래 추가한 사람 누구예요?"

"어..? 두 개 다 전데요..?!"

그였다. 그도 놀랐다. 나에게 그 노래를 어떻게 알고 있냐고 오히려 반문했다. 그도, 나도 서로를 바라보는 두 눈에는 '반가움과 신기함'이 가득했다. 그뿐만이 아니었다. 비슷한 취향 때문에 놀란 적이 한두 번이 아니다. 좋아하는 영화, 좋아하는 작가마저 비슷했다. 게다가 기억하고 싶어서 적어놓은 문장까지 겹쳤다.

비슷한 그와 함께할 때면 너무 편안했다. 긴말하지

않아도 나의 감정을 이해받는 느낌이었다. 겉으로는 밝은 모습이기에 다른 사람들은 잘 알아차리지 못하는 나의 외로움, 우울함을 그는 알아봤다. 그는 둘이 맥주를 마시며 대화하던 밤, 내게 이렇게 말한 적이 있다.

"처음에는 잘 몰랐는데, 밝은 모습 뒤에 네가 가진 상처가 느껴지더라. 왠지 네 상처와 내 상처는 비슷한 것 같달까. 지금 이런 이야기를 하면 조금 웃길 수 있지만.. 내가 너의 그 상처를 보듬어주고 싶다는 생각이 들었어."

그런 느낌은 처음이었다. 내 우울함과 외로움을 알아달라고 굳이 소리 내어 말하지 않아도, 설명하지 않아도 그는 알아줬다. 아니 느껴줬다. 그것만으로도 나는 충분했다. 정말 그가 내 상처를, 여린 내 마음을 보듬어줄 수 있지 않을까라는 기대를 남몰래 하기도 했다. 어쩌면 지구 반대편에서 만난 내 운명이지 않을까란 생각을 잠시 하기도 했다.

하지만 서로를 운명으로 두는 건 쉽지 않았다. 우리는 각자의 여정에서 잠시 같은 길을 걸은 여행자이기 때문이다. 처음부터 알고 있었다. 내가 떠나야 하는 곳과 그가 떠나야 하는 곳을. 어느 날 그는 그가 가지고 있던 감정을 내게 부드럽고 다정한 언어로 설명했다. 그리고 그는 마지막으로 말했다.

"지금 내가 너에게 갖고 있는 진심을 참고, 숨기고 싶지 않아. 많이 좋아해."

어쩌면 나는 나와 비슷한 사람을 기다렸으면서도, 또 한편으로는 그 사람이 나와는 다른 사람이길 바랐는지 모른다. 나와 비슷한 사람이었다면 저렇게 용기 있는 말은 하지 못했을 것이다. 지금까지 나는 늘 그랬듯 감정을 참고, 숨기려고 했으니까. 난 내가 그에게 가지고 있는 감정을 들여다볼 용기마저 없었다. 내가 그를 좋아할까 봐. 혹여나 사랑일까 봐 두려웠다.

결과부터 말하자면 나는 끝까지 나다운 선택을 했다. 눈앞에 이별이 뻔히 보이는데 특별한 관계로 발전

시킬 수 없었다. 나는 나의 감정, 생각을 솔직하게 말했다. 그는 고개를 끄덕였다. 자신도 다가올 이별이 겁이 난다고, 두렵다고 말했다. 그리고 나를 이해할 수 있다고, 이 도시에 머무는 동안만이라도 잘 지내보자고 말했다.

그의 고백 이후 얼마 지나지 않아 내가 그 도시를 떠나는 날이 정해졌다. 그는 넓디넓은 호수를 보며 자주 상념에 잠겼다. 그러고는 깊은 한숨을 쉬었다. 나를 보고 분명 웃고 있었지만 두 눈은 그렇지 못하다고 말하고 있었다. 그의 두 눈에는 외로움, 우울함, 공허함으로 꽉 차 있었다.

맞다. 그와 나는 '비슷한 사람'이었다는 걸 잠시 잊고 있었다. 그가 외로운 눈동자로 미소를 짓고 있을 때, 그의 눈에 비친 나 또한 같았을 것이다.

내가 떠나는 날, 우리는 늘 그랬듯 닮은 표정으로 서로를 바라봤다. 버스에 올라타기 전 마지막 인사를 나누며 나는 그에게 말했다.

"잘 지내! 난 네가 진짜 행복했으면 좋겠어. 그리고 진심으로 고마워."

그는 답했다.
"내가 더 고맙지. 난 네가 잘 지냈으면 좋겠어. 많이 웃었으면 좋겠어. 넌 좋은 사람이니까 좋은 사람 많이 만날 거야. 잘 가. 보고 싶을 거야."

끝까지 우리는 서로의 행복을 바라는 닮은 마음으로, 이별을 받아들였다.

그날, 그 여행자의 독백
~~~~~~~~

예전에 길 위에 만났던 누군가가 내게 해줬던 한 마디가 생각난다.
사람은 나와 다른 사람을 사랑하고, 나와 비슷한 사람을 그리워한다고.

이전엔 몰랐다.
비슷한 사람들끼리는 서로를 이해할 수 있으니 더욱 깊이 사랑할 수 있지 않을까 생각했다.

하지만 난 아니었다.
나와 비슷한 그의 상처, 우울, 외로움을 모두 사랑하기에는 내 마음이 턱없이 좁고 연약했다.
아마 그의 마음 또한 같지 않았을까.

그래서일까.
지금 돌아보면 나는 그를 사랑하지 않았던 것 같다.
나를 닮은 누군가가 이 세상에 있다는 것, 그 안도감이 참 좋았던 것 같다.

나와 비슷한 눈빛을 가진 사람이 모든 것을 이해한다는 듯 나를 바라보는 그 눈빛이 참 달았다.
그리고 그 눈빛은 여전히 그립다.

내 여행의 방해꾼

세계여행을 시작하고 3~4개월 정도는 그야말로 여행에 푹 빠져 살았었다. 새로운 곳에서 새로운 사람들을 만나고, 예상치 못했던 이야기들을 만들었다. 그 안에는 웃음도 있고 눈물도 있다. 그때 나는 내가 만드는 이야기에 온전히 몰입했었다. 당시 걱정이라고는 '오늘 점심은 뭘 먹을까?', '내일은 어느 숙소에서 잘까?'가 전부였다.

하지만 시간이 흘러 여행을 떠난 지 5~6개월 정도 됐을 때부터 난 여행에 푹 빠지지 못했다. 무언가 내 여행을 방해하고 있었다. 그것은 마음속에서 끊임없이 피어오르는 걱정과 불안이었다. 첫 번째로 내게 걱정과 불안감을 준 원인은 '돈'이었다. 은행 앱에 들어갔다 나오면 한숨부터 쉬어졌다. 지난 몇 년간 쥐꼬

리만 한 월급일지라도 매달 찍히던 '+ 숫자'가 이제는 하나도 없었다. 내 계좌에 찍힌 건 오직 '- 마이너스' 뿐이었다.

 막상 여행을 하다 보니 여행 전에 대략 한 달에 얼마 정도 쓰겠다고 예상하고 나온 금액을 넘을 때가 많았다. 이전보다 올라간 환율과 물가, 여행이라는 특성상 예측하지 못한 상황 때문에 지출이 더 커져만 갔다. 원래 계획대로라면 처음 모은 돈으로 1년 정도 여행을 하려고 했는데, 이대로라면 길어야 8~9개월 정도 여행이 가능할 것 같았다.

 그다음으로 걱정과 불안을 주는 것은 '한국에서의 삶'이었다. 세계여행을 하던 때, 한국 나이로 28살, 만 나이로 27살이었다. 여행이 길어지면서 내 배낭에는 '아... 한국에 돌아가서 뭐 해 먹고살지...?'라는 무거운 질문이 얹어졌다. 만약 20대 초중반 정도만 됐어도 '뭐 어떻게 되겠지'하고 넘겼을 수 있다. 그렇지만 여행을 다 끝내고 한국으로 돌아가면 적어도 29살, 30살이 될 텐데 그 질문을 마냥 모른 체할 수는 없었다.

나는 단어로 말할 수 있는 꿈이 없었다. '글을 쓰고 싶다.', '책을 내고 싶다.'라는 꿈은 20대 내내 마음 깊은 곳에 묻어두고 살아가고 있었지만 '직업'으로서의 꿈과 연결하지 못했었다. 불어나는 나이와 줄어드는 통장 잔고를 보면 한국에 돌아가서 무슨 일이라도 해야 할 텐데 막막했다. 긴 여행을 나오면 여느 여행기에서 읽었던 것처럼 나도 어떤 꿈이나 번뜩이는 사업 아이디어를 찾아낼 줄 알았다. 하지만 현실은 달랐다.

여행 중 혼자 있을 때마다 이 고민들은 나를 찾아왔고, 나는 여행에 집중할 수 없었다. 분명 지겹도록 여행만 해보자고 나온 세계여행이었다. 그런데 시간이 지날수록 여행에 푹 빠지기보다는 점차 여행으로부터 빠져나오고 있었다. 몸은 히말라야에 있을지언정, 마음은 서울 빌딩 숲속을 헤매고 있었다.

문제는 이 고민은 해도 해도 답이 보이지 않는다는 것이었다. 지금 인터넷도 되지 않는 네팔 시골 마을에서 당장 취업 준비를 할 수도 없었다. 내가 할 수 있는 것이라고는 이 시골 마을 구석구석을 걸어보며 점심 먹을 곳을, 커피 마실 곳을 탐색하는 일이었다. 맞다. 지금 내가 할 수 있는 것은 '여행'뿐이었다.

그리고 나는 스스로에게 질문을 던져봤다.
'네가 지금 불안하다고 해서 바로 한국으로 들어가서 취업 준비를 할 거야?'
'네가 지금 불안한 이유는 한국에서의 삶이야? 아니면 여행 자금 때문이야?'
'그래서 지금 네가 진심으로 하고 싶은 게 뭐야?'

답은 어렵지 않게 나왔다.
'지금 불안하다고 해서 바로 한국으로 들어갈 생각은 1도 없어.'
'불안한 이유는 여러 가지인데, 그중 제일 큰 건 생각보다 빨리 줄어드는 여행 자금이야.'
'내가 지금 진심으로 하고 싶은 건 즐겁게 여행하는 거야.'

이제야 뿌옇던 내 마음에 안개가 걷혔다. 미래에 대

한 걱정이 되긴 하지만 '지금' 나는 여행이 더 하고 싶다. 그렇다면 답은 간단하다. 돈은 벌면 그만이다. 어차피 여행은 돈을 쓰려고 나온 것. 남은 여행 자금을 아낄 수 있는 부분은 아끼되, 하고 싶은 것이 있다면 꼭 하자고 마음먹었다. 그러려고 돈 벌어서 여행 나온 거니까.

그러자 여행 전에 작은 옵션으로 생각만 해두었던 '워킹홀리데이'가 떠올랐다. 한국에 있을 때는 외국에 혼자 가서 돈을 벌고, 생활을 한다는 것 자체가 무척 두려웠다. '내가 할 수 있을까?' 감히 상상도 가지 않았다.

그런데 실제로 여러 나라를 다니며 여행을 하다 보니 아쉬움을 남긴 채 여행을 끝내기 싫었다. 어느 마음이 더 큰지 알기 위해 내 마음속에 있던 두려움과 아쉬움을 저울 위에 올려놓아 보았다. 올려놓고 얼마 지나지 않아 무게의 추는 한쪽으로 기울어졌다. 그 추의 이름은 '아쉬움'이었다.

해결된 것은 없었지만 이전보다 훨씬 마음이 편안해졌다. 물론 한국에서의 삶에 대한 걱정은 완전히 지울 수 없었다. 그렇지만 '지금, 여기'에서의 삶에 집중할 수 있었다. 지금, 여기에서 확실한 것은 아직 여행 자금이 남아있다는 것, 그 돈은 여행을 위해 모은 돈이라는 것, 그래서 난 지금 여행 중이고 즐겁게 쓰면 된다는 것이다. 그다음, 돈을 다 쓰면 돈을 벌러 나는 호주로 워킹홀리데이를 갈 거라는 것까지. 아주 명확했다.

그날, 그 여행자의 독백
~~~~~~~~~~

여행을 오래 했던 사람들은 흔히 이렇게 말한다.
긴 여행을 하다 보면 진정한 '나'를 알게 된다고.
나도 그 말에 동의한다.
그리고 그 말에 조금 더 살을 붙여 이렇게 말하고 싶다.
긴 여행을 하면 몰랐던 나도 알게 되고, 알고 있던 나를 더 정확히 알게 된다고.

여행을 떠나기 전, 나는 한국에서도 '현재'를 살지 못했던 사람이다.
잡을 수 없는 과거, 혹은 보이지 않는 미래를 살던 사람이다.
이런 사람들의 특징은 걱정과 불안이 많다는 것.
원래 잡을 수 없고 보이지 않는 것들은 우리를 더 불안하게 만드는 법이다.

돌이켜보니 내가 여행을 좋아했던 이유, 여행에 푹 빠져 세계여행을 떠나자고 결심한 이유도 여기에서 출발한다.
나는 여행 속에서 유일하게 '손으로 잡을 수 있고, 눈에 보이는 현재'를 살았다.

그때 나는 매 순간을 감각했다.
기쁘면 기쁜 대로, 슬프면 슬픈 대로.
과거나 미래를 생각하며 그 감각을 회피하지 않았다.
그래서 행복했던 것이다. 너무 행복해서 걱정이 될 정도로.

긴 여행을 떠나보니 그제야 보였다.
여행 속에서도 나는 여전히 잡을 수 없는 과거, 혹은 보이지 않는 미래를 사는 사람이더라.
한 달 남짓한 여행이 나를 바꿨다고 착각했던 것이다.
나는 그대로였는데.

맞다.
정말로 내가 바꾸고 싶었던 것은 어디로든 떠날 수 있는 '장소'가 아니라 '나 자신'이었다.
나는 그저 지금, 여기를 사는 사람이고 싶었다.
한국을 떠난 지 200일이 지나서야 알게 된 것이다.
원래 알고 있던 나 자신을, 더불어 내가 진정으로 원하는 나 자신의 모습을.

여행자가 아닌 생활자
~~~~~~~~~~~~

말로만 듣던 여섯 글자, '워 킹 홀 리 데 이'

이것이 내 것이 될 줄은 몰랐다.

집 떠난 지 9개월 차, 이번에는 눈 떠보니 호주 브리즈번 공항이다. 1월 겨울 휴가 시즌 중에 가장 저렴한 비행기표를 구하느라 네팔 포카라에서 꼬박 48시간이 지나서야 호주 땅을 밟을 수 있었다. 사실 호주는 내 여행 시나리오에 없던 곳이다. '자금이 빨리 떨어지면 워홀 갈 수도 있어'라고 생각만 했지 진짜로 29살에 워홀을 올 거라고는 상상하지도 못했다.

내가 브리즈번 공항에 도착하던 날, 나를 데리러 온 이가 있었다. 인도 여행 중에 만난 K. K는 인도 우다

이푸르 게스트 하우스에서 우연히 만난 한국인 친구로 내게는 은인과도 같은 사람이다. 당시 K는 호주 워홀 중에 잠시 인도-네팔 여행하고 있었다. 나는 잘하면 호주 워홀을 갈 수도 있다고, 미리 비자는 받아놓은 상태라고 말했었다.

그때 K는 만약 필요하다면 자신이 다녔던 공장을 소개해 주겠다고 했다. 그 공장은 호주 내에서 손꼽히게 큰 야채 공장이고, 세컨드 비자[1]를 딸 수 있는 곳이라고 했다. 이런 행운이 있을까. 호주에 아는 사람도, 아무런 정보도 없던 내게 일자리를 소개해 준다니, 그것도 내 조건에 꼭 맞는 곳을.

그 공장은 대기업 식품회사에서 운영하고 있었다. 공장 내의 사무직은 호주 현지인들이었고, 대부분의 공장 노동자는 한국인이었다. 공장의 위치는 그야말로 '시골'이었다. 가까운 슈퍼마켓에 가려면 차를 타

---

[1] 세컨드 비자 : 호주 정부가 지정한 작은 도시의 농··공장에서 총 3개월 동안 근로를 하면 호주에서 1년 더 워킹홀리데이 비자를 받아 생활할 수 있다.

고 20분을 가야 했다. 밤이 되면 숙소 주변에는 하늘에 별 빼고 아무것도 보이지 않았다.

 한국에서 다양한 아르바이트는 많이 해본 편이었지만 공장은 처음이었다. 이 공장은 개인의 능력에 따라 업무량을 배분했다. 손이 빨라야 많은 작업을 빨리 처리할 수 있기 때문에 손이 느리거나 일 센스가 없는 사람은 일을 많이 주지 않았다. 다행인 것은 난 손 하나만큼은 빠르고, 눈썰미가 좋아서 일을 빠르게 습득한다는 것. 공장 관계자분들께 일을 잘한다고 인정을 받아서 여러 파트에서 일을 주셨고, 돈은 꽤 잘 벌었다.

 하지만 공장 생활은 녹록지 않았다. 야채 공장이라서 작업하는 모든 야채에 농약이 묻어있었다. 평균 온도 5도~10도 냉장 시설 안에 들어가 하루 평균 12시간, 길게는 16시간 동안 일을 했었다. 그러다 보니 얼굴에는 농약 때문에 울긋불긋 피부염이 생겼고, 오랜 시간 추운 곳에 서서 일을 하느라 다리와 허리 통증을 달고 살았다. 자다가 통증 때문에 깨기가 일쑤였다.

그중에서 가장 힘든 점은 단체 생활이었다. 일단 한 방에서 3명이 지냈고, 한 집에는 10명~12명이 같이 살았다. 먹고, 자고, 일하는 시간 모두 한시도 빼놓지 않고 누군가와 함께 한다는 것은 쉬운 일이 아니었다. 혼자만의 시간이 꼭 필요한 나에게는 무척 힘든 생활이었다.

그리고 당시 워홀 비자는 만 30세까지 신청이 가능했기에 만 28살이던 나는 무리 안에서 친구가 없었다. 대부분 23살~25살이었다. 동생들과 사이도 좋았고, 잘 지냈지만 외로웠다. 마음을 나눌 친구가 없었다. 단순히 나이의 문제라기보다 비슷한 결의 사람이 없었다. 공장에서의 생활은 겉으로는 바쁘고, 많은 사람들로 북적였지만 마음속은 항상 텅 비어 있었다.

단체 생활의 진짜 문제점은 여기 있었다. 함께 지내는 사람들 사이에서 크고 작은 사건 사고가 자주 일어났다. 노동 강도가 워낙 세서 신체적으로 많이 지쳐 있는 상태에, 하루 종일 사람들과 붙어서 생활을 하니 트러블이 나올 수밖에 없는 환경이었다. 평화주의

자인 내 성격상 직접적인 사건은 겪지 않았지만 당시 왕언니이던 나에게 동생들은 많이 의지했다.

 남동생, 여동생 가릴 것 없이 이야기를 들어달라며 늦은 밤에도 나를 찾아왔다. 사실 내 몸 하나 건사하는 것도 벅차던 때라 동생들이 부담스럽기도 했다. 아무에게도 말하지 못하고 스트레스를 받으며 끙끙 앓았다. 하루빨리 이곳을 떠나고 싶은 생각밖에 없었다. 그렇지만 현실적으로 내가 할 수 있는 일은 이곳의 평화를 위해 동생들을 어르고 달래주는 일뿐이었다.

 시간이 흐르자 동생들이 이런 내 마음을 알아줬다. 또 진심으로 나를 많이 좋아해 줬다. 늘 나에게 '언니, 누나 덕분에 공장 생활 잘 견딜 수 있었다고' 말했다. 정든 동생들이 먼저 공장을 떠나갈 때 우리는 서로를 부둥켜안고 그렇게 울었다. 참 신기했다. 이곳을 떠나고 싶게 만든 것도, 이곳에 더 있게 만들고 싶은 것도 결국 사람이었다. 여기도 사람 사는 세상이었다.

8개월 넘게 매일 짐을 풀고, 다시 짐을 싸면서 '내일은 어디서 자야 하지?'를 걱정하던 여행자에게 워킹홀리데이는 완전히 다른 세상이었다. 더 이상 나는 여행자가 아니었다. 이제 나는 '내일은 몇 시 출근이지?'와 같이 어제와 비슷한 오늘을 살아가는 생활자였다.

분명 여행 자금을 벌러 온 워홀이었다. 오기 전에는 이 생활을 막연히 그려보는 것조차 두려웠다. 그런데 막상 하루하루 살다 보니 이 생활은 나의 일상이 되었다. 나는 매일 반복되는 일과 사람에 치이기도 했고, 또 그 일과 사람에 감동받고, 감사하며 살아갔다. 내일에 대한 상상 따위는 필요 없는, 세상 어느 곳에 있는 여느 생활자와 똑같이.

경험주의자의 선택

 8개월 넘게 장기 여행을 하며 알게 된 것 중 하나는 여행은 선택의 연속이라는 것. '버스, 기차 중에 뭘 타지?', '5,000원 더 비싼 숙소에서 잘까? 아니면 최저가에서 잘까?'와 같이 매 순간 선택을 해야 했다. 그렇지만 선택의 빈도수와는 달리 무게감은 그리 무겁지 않았다. 여행의 특성상 이전 선택이 별로면 바로 다른 선택을 해서 그곳을 떠나버리면 그만이었다.

 하지만 워킹홀리데이에서의 선택은 여행 때와는 달랐다. 워킹홀리데이는 'working'(일)과 'holiday'(휴가)라는 상반되는 두 의미의 단어가 합쳐진 애매모호한 단어이다. 그래서일까. 워킹홀리데이의 실제 생활도 정착과 여행 그 사이 어디 즈음에 있다. 워홀은 여행처럼 하루이틀 지내다가 별로면 쉽게 떠날 수 없다.

짧으면 몇 개월, 길면 1년을 생각하고 선택해야 했기 때문에 그 무게감은 가볍지 않았다.

야채 공장에서 4개월 정도 근무를 했을 때였다. 세컨드 비자 신청을 하려면 호주 정부가 지정한 농·공장에서의 근무 일수가 총 3개월이 되어야 하는데, 나는 넉넉하게 100일 근무 일수를 채웠다. 그때 나는 선택의 기로에 섰다.

'공장을 떠나 다른 지역으로 갈까?' vs '이 공장에 남아서 돈을 더 벌까?'

고민하는 내게 공장 친구들은 여기에서 조금 더 돈을 모으는 게 좋지 않냐고 말했다. 지금 지역 이동을 하게 되면 새로운 곳에서 처음부터 다시 시작해야 하는데, 일을 잡을 때까지는 방값이며 생활비며 계속 지출밖에 없을 것이라고 했다. 그리고 지금 호주는 비수기(겨울)이기 때문에 큰 도시에 가도 일자리를 잡기 힘들 거라고 했다.

나보다 워홀 선배인 친구들이 해주는 말은 현실적이었다. 그 얘기를 듣고 있자니 덜컥 겁이 났다. 하나같이 다 맞는 말이었다. 이제는 공장 일도, 사람도 익숙해져서 이곳이 편했다. 무엇보다 돈도 적지 않게 잘 벌었다. 대기업 공장이라 임금 정산도 깔끔했다. 돈을 모으기에는 이만한 환경이 없었다. 고민이 됐다.

하나를 선택하려면 오랜 시간이 걸리는 성향임에도 이 선택은 의외로 오래 걸리지 않았다. 친구들과 이야기해 보고, 그다음 날 퇴근길에 인사팀 매니저님을 찾아갔다. 매니저님께 나는 곧 퇴사하겠다고 말씀드렸다. 곰곰이 생각해 보니 나에게 있어 워홀은 단순히 돈만 벌러 온 것이 아니기 때문이다.

워홀을 오기로 결심했을 때 영어 실력을 향상하겠다고 마음먹었다. 기본적인 의사소통은 어렵지 않게 할 수 있었지만 외국인 친구들과 깊은 이야기를 하게 되거나, 사무적으로 영어를 길게 해야 할 때면 불편했다. 계속될 나의 여행을 위해서, 그리고 앞으로 무슨 일을 하게 될지 모를 나의 삶을 위해서 영어 실력을 키우고 싶었다.

 또 호주로 올 때 꼭 하고 싶은 것이 하나 있었다. 호주 카페에서 바리스타로 일해보고 싶었다. 세계여행을 떠나기 전까지 한국에서 가장 오랜 시간 일했던 일은 카페 업종이다. 실제 바리스타로 4년, 프랜차이즈 카페 본사에서 2년, 총 6년을 일했었다. 호주 커피가 세계적으로 유명하다는 것을 알고 있었기에 워홀을 가게 되면 '바리스타로 일해보고 싶다'는 꿈이 있었다.

 맞다. 내가 호주 워홀을 온 목적은 크게 세 가지였다. '돈, 영어, 경험'

 아마 이 세 가지는 워홀러들의 공통된 목표이기도 할 것이다. 이 세 마리 토끼를 모두 다 잡으면 더할 나위 없이 좋겠지만, 삶에는 1+2, 2+1 따위는 없다. '1' 그 하나라도 제대로 이룰까 말까 한 것이 우리네 삶이다. 그래서 우리는 그 하나를 위해 끊임없이 선택해야 한다. 그리고 선택의 순간이 올 때마다 자연스레 내 삶의 우선순위가 정리되기도 한다.

 공장을 떠날 때 나의 우선순위는 '돈'이 아니라 '영어와 경험'이었다. 먼저 카페에서 영어를 쓰면서 바리스타로 일하고 싶은 나의 목표를 이루기 적합한 곳을 물색했다. 일단은 사람과 상점이 많은 도시로 나가야 했다. 영어를 많이 쓰기 위해서는 비교적 한인의 수가 적은 곳으로 가야 했다. 이 조건들을 두루두루 충족한 곳은 호주 서쪽에서 가장 큰 도시 퍼스(Perth)였다.

 빠른 시간에 퇴사 예정일이 정해졌고, 공장과 숙소를 떠나는 날도 정해졌다. 이곳을 떠나는 건 아쉬웠지만 그보다도 걱정이 컸다. 새로운 지역에 가서 지낼 집을 구하고, 일할 수 있는 카페를 구하는 것이 가장 큰 일이기 때문이다. 그 과정에서 또 나는 어떤 사람들을 만나고 어떤 경험을 하게 될지 떠올리면 긴장이 됐다.

 꼭 워홀을 떠나기 전처럼 새로운 곳에서의 미래를 떠올리면 걱정과 긴장이 날 찾아왔다. 하지만 기분 나쁜 걱정과 긴장은 아니었다. 동시에 설레었다. 4개월 동안 공장에서 같은 일을 반복하며 느끼지 못했던 떨림이었다. 반가웠다. 난 이 선택을 통해 다시 한번 알았다. 아직 내 삶에서 우위에 있는 것은 경험이라는 것을. 난 아직은 가슴이 뜨거운 경험주의자라는 것을.

그날의 나에게, 선택을 앞둔 그대들에게

워킹홀리데이를 하던 중에, 다녀온 후에 블로그를 통해 많은 분들에게 질문을 받았다.
그중에 몇몇 분들은 꼭 서로 짜맞춘 것처럼 비슷한 내용의 질문을 보내주셨다.

"이제 제 나이가 20대 후반이라서요.. 워홀을 가는 게 맞을까요? 선택을 빨리 해야 하는데 너무 어렵습니다."

원래 선택이란 것은 무척 어렵고 피곤한 일이다.
둘 중 어떤 선택을 하더라도 잃는 것이 눈에 더 선명히 보이기 때문이다.

가볍지 않은 선택의 무게감이 나를 누를 때면 그 선택을 포기하고 싶기도 했다.
하지만 돌아보니 그 선택의 순간이 있었기에 진정 내가 원하는 것을 알게 되었다.

여행 자금 때문에 온 워홀인 줄 알았는데 아니었다.
시작은 돈이 맞지만, 돈이 내 워홀의 전부는 아니었다.
여행만 했다면 지나쳤을 영어를 더 잘하고 싶다는 나의 바람, 커피를 더 배우고 싶다는 나의 꿈을 워홀 속 '선택'에 의해 발견됐다.

선택은 나를 힘들게 하는 순간이 아니라, 나에게 기회를 주는 순간이다.
지금 나의 마음, 지금 내가 진정으로 원하는 것을 확인할 기회이다.

세상에서 가장 익숙한 실루엣

 4개월간의 공장 생활을 마치고 내가 향한 곳은 인도네시아 발리. 퍼스로 지역 이동을 하기 전에 잠시 콧구멍에 바람을 쐬어주기 위해 들린 곳이다. 호주와 발리는 비행기를 타면 가까운 편이라 비행기 노선도 많고, 날짜를 잘 고르면 저렴하게 오갈 수 있다. 나도 발리는 가본 적이 없어서 이때다 싶어서 발리행 비행기 표를 끊었다.

 이곳에 온 진짜 목적이 있다. 누군가를 만나기 위해서이다. 나는 만나기로 한 약속 날짜보다 하루 먼저 발리에 도착해서 함께 머물 숙소도 예약해 놓고, 주변 동네 사전 답사도 마쳤다. 만반의 준비를 마치고 대망의 다음 날, 누군가가 공항에 도착하는 시간에 맞춰 마중을 나갔다.

발리 덴파사르 공항 안으로 들어가자 수많은 사람들로 북적였다. 이 시간에 도착하는 비행기가 많은 건지 도착 게이트에는 발 디딜 틈이 없었다. 여러 명의 투어 가이드들과 택시 기사들이 영어 이름이 적힌 팻말을 들고 서 있었다. 나도 그 사이로 비집고 들어가 이제 곧 나올 누군가를 기다렸다.

공항 화면에 보이는 도착 정보에는 누군가가 탄 비행기가 잘 도착했다고 떴다. 심장이 쿵쾅쿵쾅 떨려왔다. 문이 열리고 사람들이 나올 때마다 집중해서 얼굴을 봤다. 그 자리에서 기다리길 30분이 지났다. 나올 시간이 한참 지났는데도 기다리는 이는 나타나지 않았다. 혹시 입국 심사 도중 무슨 문제가 생긴 걸까. 왜 이렇게 안 나오는 건지 걱정이 되기 시작했다.

그때, 멀리에서도 한눈에 두 명이 딱 보였다. 이 세상에서 가장 익숙한 실루엣이다. 난 그들을 보고 소리치며 손을 흔들었다.

"엄마! 아빠!"

옆에 있던 현지 가이드들과 택시 기사들의 시선이 내게 쏠렸다. 그들은 분명 누군가의 아빠인가 보다. "아빠!"라는 단어를 어설프게 따라 하며, 나를 딸 보듯 흐뭇하게 바라본다. 멀리서 나를 발견한 엄마, 아빠는 나와 닮은 얼굴로 웃으며 손을 흔들었다. 집 떠난 지 딱 1년 만에 우리는 발리에서 만났다.

공장 생활을 할 때, 부모님과 연락하면서 이 여행을 준비했다. 먼저 발리에서 2주, 같이 호주 퍼스로 이동해서 2주. 총 4주 동안 여행을 하기로 했다. 나에게는 이 여행의 의미가 남다른데, 내가 처음으로 부모님께 큰 선물을 해본 것이다. 호주 워홀하며 공장에서 모은 돈으로 한국-발리, 발리-퍼스, 퍼스-한국 항공권을 모두 사드렸다.

긴 비행 일정에 부모님의 얼굴에는 피곤함이 진하게 묻어났다. 그런데 피곤함과는 별개로 온몸과 얼굴은 한껏 설레어 보였다. 두 분의 눈망울에는 나를 향한 반가움이 가득 차다 못해 뚝뚝 흘러내렸다. 세계 여행하겠다고 집 나간 딸내미를 1년 만에 발리에서 볼 줄 누가 알았을까.

다행히 엄마, 아빠와 여행 스타일이 잘 맞는다. 유명하고, 화려한 곳에 가기보다는 마을에서 소소하게 살아보는 여행을 좋아한다. 발리에서의 여행은 이러했다. 아침은 숙소에서 차려주는 조식으로 시작했다. 주변 동네를 걷다가 궁금해 보이는 카페를 발견하면 그곳에 들어가 인도네시아 커피를 즐겼다. 배가 고파지면 작은 식당에 들어가 빈땅 맥주 한 병에 미고랭, 나시고랭 같은 로컬 음식을 나눠 먹었다. 해가 지면 동네 마트에 들려 과일, 과자, 물을 사서 다시 숙소로 돌아왔다.

우리 방식대로 발리를 2주 동안 잘 즐기고, 호주 퍼스로 향했다. 문제는 날씨였다. 퍼스는 뜨겁던 발리의 날씨와는 정반대로 겨울이 찾아왔기 때문이다. 퍼스의 겨울은 거센 바람과 함께 얇은 빗방울이 시도 때도 없이 흩날린다. 우리나라처럼 영하로 떨어지지는 않지만 공기가 습하고 차가워서 체감 온도가 낮다.

우리나라 최고의 발명품인 보일러가 퍼스에 있을 리는 없다. 온풍기만으로는 추위가 달래지지 않아 부모님은 밤마다 고생하셨다. 그래도 가끔 선물처럼 깨끗한 하늘과 따뜻한 햇살이 찾아오는 날이 있었다. 그때를 놓질 새라 부모님과 퍼스 시내를 나가 구경하고, 기차를 타고 가까운 교외 지역으로 나가서 바닷가도 다녀왔다.

퍼스에서의 2주는 한국에서의 일상과 비슷했다. 호주는 그전 여행지인 발리보다 물가가 몇 배로 높기 때문에 음식은 거의 숙소에서 요리를 해서 먹었다. 우리가 자주 갔던 곳은 호주의 대형 마트인 울월스이다. 저녁 즈음, 엄마, 아빠와 장을 보고 집에 돌아와 밥을 지어 먹으니 꼭 보일러만 없는 우리 집 같았다.

원래 시간은 행복할 때 가장 빠르게 흐른다. 발리에서 2주, 퍼스에서 2주는 4배속을 한 것처럼 빠르게 지나갔다. 세월은 또 이별을 눈앞에 데려다 놓았다. 이번에는 퍼스 공항이다. 나는 남은 워홀을 하기 위해 퍼스에 남고, 부모님은 한국으로 떠난다. 헤어짐을 앞두고 슬픔을 느끼기 전에 난 부모님이 짐 검사를 잘 받고, 환승은 잘 할 수 있는지 걱정이 된다.

 부모님을 걱정하는 나와는 달리 아빠는 나를 걱정하고 있었다. 이번에 만났을 때부터 헤어질 때까지 내내 아빠는 내 걱정뿐이었다. 공장에서 일하면서 농약 때문에 얼굴에 붉게 올라온 피부 트러블과 공장 소독약에 절여져 쩍쩍 갈라진 내 손바닥을 보고 마음 아파하셨다. 그리고 내 몸뚱이보다 큰 배낭을 볼 때는 늘 근심이 한가득이었다.

 새벽 6시쯤 떠나는 비행시간이라 우리는 해가 뜨기 전에 헤어져야 했다. 마지막까지 아빠에게 난 환승할 때 주의해야 할 점을 다시 한번 알려줬다. 그러자 아빠는 알겠다며 걱정하지 말라고 했다. 이제 헤어지면 부모님을 언제 다시 볼지 모른다. 짧으면 7~8개월 뒤이고, 길면 1년이 훌쩍 넘을 것 같다.

입국장으로 들어가기 직전, 이제 정말 마지막 인사를 나눠야 할 때가 왔다. 평소 쿨한 성격처럼 엄마는 내게 "잘 살아남아!"라고 응원했다. 그리고 아빠는 내 손을 꼭 잡고 말했다.

"돌아오고 싶으면 언제든 돌아와."

1년 전 세계여행을 시작하는 날 인천 공항에서 헤어질 때도 아빠가 마지막으로 해준 말이다. '언제든 돌아와'라는 말의 힘을 이제야 알 것 같다. 언제든 내가 돌아갈 곳이 있다는 것, 언제든 날 환영해 줄 사람이 있다는 것. 그 든든한 빽이 있기에 난 이렇게 떠돌이 생활을 할 수 있다.

목 끝까지 차오르는 눈물을 삼켜내고 인사를 했다. 4주 전 발리 공항에서 웃으며 손을 흔든 것처럼, 퍼스 공항에서도 난 웃으며 손을 흔들었다. 1분도 채 지나지 않아 세상에서 가장 익숙한 실루엣이 사라졌다. 두꺼운 눈물이 버티지 못하고 뚝뚝 떨어졌다. 정든 여행 동행과의 이별도, 공장 동생들과의 이별도 아니다. 이 순간은 내 부모님과의 이별이다.

 먹먹해진 가슴을 안고 혼자 지낼 숙소로 돌아가기 위해 공항버스 정류장에 앉았다. 새벽 6시. 아직 해가 뜨지 않은 이곳, 퍼스는 춥다. 누군가의 딸로 살았던 따뜻했던 4주는 끝났다. 이제 다시 난 혼자다. 불어오는 바람이 유난히도 날카롭기만 하다.

맨땅에 헤딩

 퍼스에서의 워홀은 '맨땅에 헤딩'이라는 말이 절로 떠오른다. 일단 퍼스에서 가장 중요한 목표는 바리스타로 일하는 것이었다. 공장에서 벌어놓은 여유 자금이 있었기 때문에 한 달 정도는 바리스타로만 구직을 하기로 계획했다. 하지만 때는 6월. 퍼스를 포함하여 호주에 겨울이 오는 시기, 바로 비수기였다.

 호주에서 구직하는 방법 중 하나는 길거리에 보이는 카페마다 직접 들어가서 "안녕하세요~ 여기 사람 구하나요?"라고 말하고, 이력서를 남기는 것이었다. 내가 아무리 사회화가 잘된 내향형 인간일지라도, 뜬금없이 카페에 들어가서 내 이력서를 남기고 오는 건 쉬운 일은 아니었다. 무엇보다 영어가 자신이 없으니 카페에 들어가기 전부터 한껏 움츠려있었다.

초반에는 카페에 들어가서 쭈뼛쭈뼛 거리다가 말도 못 하고, 커피만 사고 나온 고객이 된 적도 많았다. 그래도 이것도 여러 번 하다 보니 익숙해져서 나중에는 이력서 남기는 머신이 되었다. 카페에 들어가 스몰 토크도 잘하고, 여유 있게 허허 호호 웃고 나오는 레벨이 됐다. 문제는 구직한 지 한 달이 다 되어가는데도 연락이 오지 않았다.

 이제는 바리스타 말고, 다른 일을 구해야 하는 걸까 고민하고 있을 때 즈음, 문자 한 통이 왔다. 대형 쇼핑몰 안에 있는 한 카페의 매니저였다. 예전에 인터넷으로 구직 메일을 보내놓았던 카페였다. 트라이얼[2]을 보러 올 수 있겠냐는 첫 문자였다. 나는 바로 "sure!!!"이라고 답했다.

 대망의 트라이얼 당일, 떨리는 마음에 한숨도 못 자고 카페에 일찍 도착했다. 나에게 문자를 보냈던 매니

---

2. 트라이얼(trial) : 호주에서는 직원을 뽑기 전에 먼저 1~2시간 정도 실제 현장에 투입해 본 후, 자신들과 일을 할 수 있는지 본다. 트라이얼을 거치고 나서 최종적으로 합격인지 불합격인지 정해진다.

저님과 반갑게 인사를 나눴다. 매니저님은 먼저 나에게 들어오는 주문을 보면서 커피를 만들어보라고 했다. 정신을 차리고 주문서를 보면서 커피를 하나하나 만들었다.

 호주 카페는 커피 메뉴도 다르고, 카페 시스템 자체가 한국과는 다르다. 가장 큰 산은 모든 카페 직원, 손님들과 영어로만 소통해야 한다는 것. 손님들이 주문하는 말, 카페 직원들이 내게 했던 말이 중간중간 잘 안 들렸었다. 그래도 그동안 카페에서 일하면서 쌓인 눈치로 알아들으면서 커피도 만들고 서빙도 했다.

 마지막으로 매니저님이 나를 따로 부르더니 내가 만든 커피 맛을 보고 싶다고 했다. 매니저님의 주문 내용은 이러했다.
"라지 사이즈 카푸치노인데, 아몬드 우유로 바꿔주고, 설탕 한 스푼 넣어죠."

 호주 사람들의 커피 주문은 대부분 이렇게 커스터마이징 주문이 많기 때문에 특별한 일도 아니다. '라지 사이즈, 아몬드 우유, 설탕 한 스푼' 매니저님의 주문을 하나하나 속으로 읊조리면서 커피를 완성했다. 옆에 서 있던 매니저님께 커피를 드렸다. 이게 이리도 떨릴 일인지. 심장이 벌렁거렸다. 매니저님은 내 커피를 한 모금, 두 모금 마시고는 말했다.
"음~! 맛있다! 네 커피 좋다! 마음에 들어!"

곧이어 내가 가장 듣고 싶던 말이 매니저님의 입에서 나왔다.
"오늘 같이 일해보니까, 일도 잘하고 커피도 맛있어! 난 너랑 같이 일하고 싶어. 넌 어때? 우리랑 일하고 싶어?"

이 말을 듣자마자 나는 두 손을 모으고 답했다.
"Of course!!!"
그러고는 바로 매니저님께 진심으로 기회를 주어서 고맙다고 인사했다.

드디어 내가 그토록 원하던 바리스타 구직한 것이다. 연락이 오지 않던 한 달 동안 '그냥 다른 일을 구할까..' 숱한 고민을 했지만 포기하지 않고 계속 문을 두드리니 열린 것이다. 이 성취감은 여행 때 느끼는 성취감과는 다른 차원의 성취감이었다. 또한 불안하던 백수 생활이 끝났고, 내 커피를 인정받았기에 내 마음에는 안정감과 뿌듯함으로 가득했다.

 물론 걱정도 됐다. 사실 이 카페는 집에서 무척 멀다. 대중교통을 타고 출퇴근을 하면 왕복으로 2시간 30분이 걸린다. 게다가 호주 카페에서 일해보는 건 처음이라서 내가 영어로 주문을 잘 받을 수 있을지, 직원들과 소통을 잘 할 수 있을지 막막했다. 하지만 내가 목표를 호주 카페에서 바리스타로 일하기로 한 이상 피해 갈 수는 없었다. 오히려 이 카페는 내가 부족한 영어와 호주 커피 경험을 채울 수 있는 최상의 조건을 갖춘 곳이었다.

 무슨 일이든 해보지 않으면 모른다. 앞으로 어떤 일이 일어날지 아무도 모르지만, 어떤 일이 일어날지 모를 때 나는 불안하기보다 살아있음을 느낀다. 비바람 맞으며 이력서 돌리러 다녔던 날들, 서울 빌딩 숲 카페에서 미친 듯이 커피를 뽑아냈던 날들이 스쳐 지나간다. 다 헛된 날들은 없다. 맨땅에 헤딩을 하다 보니 정말 골이 들어가기도 한다.

싱글벙글 웃으며 카페 직원들에게 "나 갈게~ 다음 주에 보자~"라고 인사를 하고 나오는 길, 나는 전화를 걸었다.
"엄마! 나 취직했어!"

이건 드라마 속 장면 아닌가요

 드디어 근무 스케줄이 나왔다. 내 첫 근무 시간은 수요일 오전 7시부터 오후 2시까지였다. 아침 7시에 도착하려면 집에서 새벽 5시 30분에 출발해야 했다. 그러니까 새벽 4시 40분에는 일어나서 준비를 해야 했다. 야행성인 나에게 새벽 기상은 쉬운 일은 아니지만 앞으로 이곳에서 살아남고, 일을 배우는 것에 전념하기로 다짐했다.

 갑자기 카페 그룹 채팅방에 알람이 울리기 시작했다. 매니저님이 다른 일정을 깜빡해서 스케줄이 꼬였다고 했다. 그러더니 나한테 화요일 아침 10시까지 출근을 해줄 수 있겠냐고 물었다. 그날 일정도 딱히 없었고, 이 카페에 다니기로 한 거 이렇게 내가 필요할 때는 무조건 가야겠다 싶었다. 난 화요일에 가능하다고 바로 답했다.

  대망에 첫 출근 아침이 밝았다. 첫 출근 날인만큼 집에서 일찍 출발했다. 버스를 타고, 기차를 타고 카페에 도착하니 9시 30분이었다. 평일 오전이라 트라이얼을 봤던 주말보다는 한가로웠다. 저번에 같이 일했던 영국 출신 바리스타 엘라, 주방 보조 클로이와 반갑게 인사했다. 키친에는 처음 보는 직원분들도 여럿 보였다. 커피 주문이 들어오면 만들어서 서빙까지 했고, 클로이가 도와달라고 해서 오렌지 껍질도 까주고, 레몬도 썰어줬다. 여기까진 순탄했다.

  한 15분쯤 지났을까. 꼭 카페는 이상하게 사람이 한 명도 없다가 갑자기 막 붐비기 시작한다. 어디서 사람들이 숨어있다가 "카페로 출발!"을 동시에 외치고 달려오는 것처럼. 이건 호주나 한국이나 똑같았다. 손님이 마구 몰려올 때 내가 커피 머신 앞에 있었는데, 나는 이 카페의 핫초코, 스무디와 같은 음료 레시피를 하나도 몰랐다.

트라이얼 때 음료 레시피를 물어보면 한국 카페와는 달리 그걸 왜 물어보냐는 표정으로 "대충 큰 스푼 하나 넣어~" 이런 반응이었다. 핫초코 레귤러 사이즈를 만들어야 해서 난 일단 레시피를 물어보려고 바리스타 엘라를 기다렸다. 그런데 엘라는 나타나지 않았다. 주문은 밀리기 시작했고, 초조한 마음에 일단 내 느낌대로 음료를 만들어 나가고 있었다.

 음료를 몇 개 만들고 고개를 돌려보니 주문서가 빼곡히 쌓여있었다. 하필이면 그때 점장님처럼 보이는 남자분이 내 옆에 나타났다. 또 하필이면 내가 직전에 만들었던 플랫 화이트를 보고 "이 커피 거품 이렇게 나가면 안 돼."라고 단호하게 말하면서 눈앞에서 커피를 쏟아 버렸다. 할 말이 없었다. 커피 거품이 별로면 손님에게 나가지 않는 게 맞으니까.

 그런데 난 억울했다. 트라이얼 때 매니저님은 분명 이 정도 거품은 손님에게 나가도 된다고 알려줬다. 당황스러운 마음을 겨우 붙잡고 꾸역꾸역 커피를 만들고 있었다. 그때 갑자기 키친에서 덩치가 엄청 크고 인상이 거센 한 아저씨가 나오더니 나를 커피 머신 밖으로 밀어내 버렸다.

점장님은 나한테 일단 커피 서빙부터 하라고 했다. 근데 이 아저씨 진짜 우유 거품이 엉망진창이다. 보아하니 바리스타는 아닌 것 같았다. 난 도저히 이해가 안 가는 게 점장님은 또 이 아저씨가 만든 말도 안 되는 망한 커피는 그대로 손님한테 나가라고 한다. 일단 나는 시키는 대로 서빙도 하고 그릇도 치우면서 눈치껏 빠릿빠릿 움직였다.

그때 다른 직원이 점장님한테 하는 이야기가 내 귓가에 들렸다.
"누가 트라이얼 보러왔다는데?"

점장님은 트라이얼 보러왔다는 사람이랑 자리에 앉아 이야기를 나눴다. 오늘 상황을 보니 웨이트리스가 모자라서 새로운 웨이트리스를 뽑나보다 했다. 그런데 대화 내용이 점점 거슬리기 시작했다. 왠지 나랑 같은 포지션인 것 같았다. 역시나 불길한 예감은 맞았다. 점장님이 새로운 사람을 데려가더니 커피 머신 앞에서 하나하나 가르쳐주고 있었다.

 그 모습을 보고 있자니 나는 또 억울해졌다. 굳이 비교하자면 난 토요일에 트라이얼을 처음 봐서 누가 날 알려주지 않고 바로 매니저님이 실전에 투입시켰었다. 게다가 오늘 첫 근무 날에도 이 카페 업무를 나에게 아무도 알려준 적이 없었다. 그래도 일단은 살아남아야 하니 홀에 나가 테이블을 치우고, 부엌에 들어가 설거지를 하며 일을 도왔다.

 바쁜 상황이 진정되고 다시 홀로 나가봤다. 트라이얼이 진행 중인 새로운 사람이 아직 커피를 만들고 있었다. 머신 옆에 주문서가 꽤 밀려있길래 나는 그분을 도와 우유라도 스팀해 주려고 인사를 하고 옆에 섰다. 그때 점장님이 다가오더니 우리에게 들릴 듯 말 듯 말을 했다. 내가 이해한 건 "둘 중 한 명 기계에서 나와봐" 였다.

 난 트라이얼 보고 있는 사람을 부른 건지 알고 하던

일을 마저 하고 있었다. 그런데 점장님은 내 어깨를 손가락으로 톡톡 치더니 나와보라고 한다. 점장님은 서론도 없이 바로 본론부터 말했다.

"너 아까 만들었던 플랫 화이트 커피 별로였어. 너도 봤지? 네 커피 별로더라. 우리는 지금 당장 바리스타 필요하지 않아. 다음에 연락할게."

이야기를 귀로 듣고 있으면서도 내가 지금 듣고 있는 얘기가 맞는 건가 싶었다. 하지만 점장님의 단호한 표정이 이건 진짜라고 말해주고 있다. 이게 무슨 날벼락인가 싶었다. 이런 경우도 살면서 처음이었다. 오늘 매니저님이 계약서 쓴다고 여권이랑 은행 서류 준비해 오라고 해서 다 가지고 왔는데 너무 당황스러웠다.

이해가 가지 않아 질문을 하려고 입을 떼면 점장님은 내 말을 애초에 싹뚝 잘라버렸다. 더욱 매정한 말투로 "아니야. 지금은 너 필요하지 않아."라는 말만 반복했다. 그러더니 "너 오늘 몇 시에 왔지?"라고 물었다. 아침 10시 출근이라고 하니까 시계를 한번 보고, 돈통이 있는 곳으로 향했다. 11시가 조금 넘은 시간, 점장님은 시간당 20불이라며 20불짜리 지폐 한 장을 건넸다.

그 순간 이걸 받아야 하나, 말아야 하나 고민이 됐다. 이 돈을 받으면 정말 해고를 인정하는 것이 되니까. 그러면서 '이런 장면은 드라마에나 나오는 장면 아닌가?, 현실에서도 이런 일을 당하는구나. 그게 하필 주인공이 나구나.' 하는 생각이 꼬리에 꼬리를 물었다. 얼음처럼 굳어있는 나에게 점장님은 20불짜리 지폐 한 장을 내 오른손에 쥐여줬다.

더 이상 이 카페에 있을 수는 없었다. 20불은 바지 주머니에 넣고, 가방과 겉옷을 챙겨 카페에서 나왔다. "너 필요 없어"라는 말과 동시에 손에 쥐어진 '20불의 지폐'가 나를 더 비참하게 만들었다. 아무리 워홀이라고 할지라도 지금 이곳이 '내 삶'이고, '삶의 현장'이기에 그 충격은 만만치 않았다.

원래 스케줄 대로 수요일 오전 7시 스케줄이었다면, 나를 뽑아줬던 매니저님과 오픈을 차근차근 배웠다면, 그렇다면 이렇게 한 시간 만에 잘리는 일은 없지 않았을까. 아쉬운 마음에 이런저런 생각을 해봤지만 결론은 내가 새로운 친구보다 부족했던 것이다. 점장님 기준에는 그 친구가 영어든 커피든 어느 것 하나는 나보다 더 나았기 때문에 그 친구를 선택한 것뿐이다.

나는 이제 여행자가 아니다. '아 여기 생각보다 별로네?' 하고 훌쩍 떠나 버릴 수는 없다. 여행이 아닌 워홀로 호주에 온 나름의 목표도, 계획도 있다. 지금 내가 여기서 할 수 있는 것, 해야 하는 것은 바리스타로 직업을 찾는 일. 한 시간 만에 해고당한 충격에서 벗어나기도 전에 나는 바로 다음 날부터 이력서를 들고 새로운 카페의 문을 열었다. 더욱 간절해진 마음으로.

드디어 열린 문
~~~~~~

한 시간 만에 해고당한 이후 더 적극적으로 구직을 했다. 오프라인, 온라인 가리지 않고 대중교통으로 갈 수 있는 카페라면 모두 지원을 했다. 덕분에 인터뷰를 보러오라는 연락을 몇몇 카페에서 받았다. 인터뷰도 많이 보면 볼수록 도움이 될 거라고 생각하고, 먼 거리라도 다 찾아갔다.

그렇게 열심히 카페 문을 두드리고 다니니 그중 한 카페의 문이 열렸다. 인터뷰를 보고 그다음 날 트라이얼을 보자고 연락이 왔다. 이른 아침부터 본 트라이얼도 무사히 잘 마쳤다. 사장님은 내가 마음에 든다며 같이 일하고 싶다고 말했다. 대신 내가 호주 카페 경력이 없다보니 첫 2주는 최저 시급으로 계산해서 주겠다고 했다.

객관적으로 봐도 내가 지금은 영어로 100% 완벽하게 소통하지 못하고, 호주 카페에서 일한 적이 없기 때문에 최저 시급을 받는 건 전혀 문제가 되지 않았다. 단점이라고 한다면 이 카페는 집에서는 무척 멀다는 것. 버스-지하철-버스를 타고 편도 1시간 30분은 가야 했다. 그렇지만 현실적으로 차 없이 카페에서 일하려면 이 부분도 감내해야 하는 것이었다.

사실 마음에 걸리는 것은 따로 있었다. 이 카페는 부부가 운영했는데, 나는 인터뷰와 트라이얼을 모두 남자 사장님이 봤다. 여기서 큰 문제는 남자 사장님의 잔소리가 엄청나다는 것이다. 한국에서 다양한 알바를 많이 해봤지만 귀에서 피가 나올 정도로 하루 종일 쫓아다니면서 잔소리를 하는 사람은 처음이었다. 그것도 영어로 들으니 두통이 생길 것 같았다.

거기에 더해서 가장 큰 문제는 사장님의 다혈질. 트라이얼 때 10시간을 같이 일했는데 사장님의 성격을 어렵지 않게 알 수 있었다. 무척 감정적이라서 자신의 감정을 직원들에게 있는 그대로 다 표출했다. 자신이 화가 나면 직원들에게 얼굴이 시뻘게지면서 언성을 높혀가며 화를 내고, 기분이 좋으면 혼자 콧노래를 부르고 다녔다.

 하루만 같이 있어도 너무 기 빨리고 힘든 사람이 있지 않나. 딱 이 사장님이 그랬다. 트라이얼을 보는 하루 동안에 나한테도 악마와 천사 가면을 수시로 번갈아 가며 썼다. 물론 압도적으로 악마 가면의 비율이 80%로 높았다. 오래 겪어보지 않아도 앞날이 보였다. 이곳에서 일을 하게 되면 너무 고생할 것 같았다.

 하지만 지금 당장 나의 능력을 알아주고, 같이 일하자고 제안한 곳은 여기뿐이었다. 내가 원하는 카페로 옮기려면 일단 영어 능력, 커피 능력을 향상시키는 것이 첫 번째이다. 또 다른 한 편으로는 도전 의식이 생겼다. 여기서 일을 잘 배워서 저 잔소리꾼 사장님에게 인정받고 싶어졌다.

나는 마음을 다잡았다.

'그래. 마음에 걸리는 것은 있지만 여기서 제대로 살아남자.

높디높은 사장님의 저 콧대를 내 언젠가 무너뜨린다!'

내 임금을 받아낼 사람

 카페에서는 보통 일주일에 3~4일, 하루에 6~7시간 정도 근무 스케줄을 받았다. 알고 보니 이 카페는 동네에서 유명한 브런치 맛집이었다. 매일 아침, 점심시간에는 손님들로 야외 자리까지 꽉 찼다. 함께 일하는 동료들은 쉐프 2명, 바리스타는 3~4명으로 각기 다른 나라 친구들이었는데, 모두 소통도 잘 되고 성격도 좋았다.

 이 카페를 출퇴근 한지도 언 3개월이 지났다. 이제 단골손님들의 얼굴만 봐도 어떤 메뉴를 시키는지 알 수 있을 정도로 카페 일이 익숙해졌다. 하지만 3개월이 지나도 익숙해지지 않는 것이 있었다. 바로 사장 부부의 히스테리였다.

여자 사장은 어렸을 때 이민을 온 베트남계 호주 국적자였고 남자 사장은 남아프리카 짐바브웨이 국적자(부모님은 포르투갈 국적)였다. 둘 다 이민자임에도 불구하고 나처럼 워홀 하는 직원이나 취업 비자로 온 외국 스텝들을 내놓고 차별했다. 게다가 이 부부 둘 다 인종차별적인 발언도 서슴지 않았다.

그 외에도 문제는 많았다. 부부 둘 다 사적인 감정 컨트롤이 잘되지 않아 카페에서 큰 소리를 내면서 부부싸움을 하고, 그 기분을 죄 없는 직원들에게 풀었다. 여기에서도 호주 국적의 스태프들에게는 뭐라고 하지 않고, 나를 포함한 아시안 스태프들에게만 괜한 짜증을 내며 함부로 대했다. 특히 그중 가장 신입이던 나는 그들의 주된 화풀이 대상이었다.

나는 호주 커피 경력도 없고, 이전에 한 시간 만에 잘린 경험 때문에 이 카페에서는 어떻게든 살아남으려고 했다. 맛집으로 소문난 브런치 카페라서 일이 힘들고, 위치도 멀어서 편도로 1시간 30분이 걸리고, 시급도 다른 곳에 비해 적게 주고, 하루 종일 쫓아다니면서 잔소리하는 것, 모두 다 참을 수 있었다.

 그렇지만 내가 참을 수 없는 것이 있었다. 그들은 꾸준히 나를 인격적으로 무시했다. 한 번은 셰프들이 구운 머핀이 속까지 다 안 익어서 컴플레인을 받았다. 갑자기 여자 사장은 직원들이 다 있는 바 안에서 그 머핀을 서빙한 나한테 소리를 질러가며 혼을 냈다. 부부는 둘 다 요리를 하지 못해서 셰프한테는 큰소리치지 못하고 일부러 셰프들 보는 앞에서 나한테 화를 낸 것이다. 그날 셰프들은 나한테 대신 사과를 했다.

 그날은 나도 참을 수 없었다. 지금까지 쌓여왔던 모든 것들이 터졌다. 이 카페를 계속 다니는 건 나 스스로를 갉아먹는 것 같았다. 돌아보니 나도 모르게 계속 사장 부부가 하는 말에 가스라이팅이 된 것 같다. 그들은 무슨 이야기를 하든 "너는 영어가 완벽하지 않으니까~", "너는 아직 호주 커피가 서투니까~" 이 말을 앞에 깔고 시작했다.

 나는 관두기로 마음먹었다. '최대한 좋게 헤어지자'

가 내 삶에 모토인지라 개인 사정 때문에 2주 뒤에 퇴사를 하겠다고 말했다. 그런데 이 사람들 내 생각보다도 더 나쁜 사람들이었다. 임금 받는 날, 돈 관리를 하는 여자 사장은 2주 치 내 임금만 보내지 않았다. 갑자기 나랑 상의해야 할 일이 생겼다면서 세금법을 운운했다. 곧 관두는 직원에게 몇십만 원이라도 덜 주려고 꼼수를 쓰는 것이었다.

 바로 호주 노동청에 신고를 해도 됐지만, 일을 크게 만들기보다 내 선에서 잘 풀고 싶었다. 내가 어떻게 된 일인지 문자나 이메일로 설명해 달라고 하자 여자 사장은 자세한 이야기는 전화로 하자고 했다. 이때 어떻게 대처해야 하는지 인터넷에 검색해 봤는데, 임금 못 받는 워홀러들과 동시에 일 시키고 돈 안 주는 나쁜 사장들이 이렇게나 많은지 처음 알았다.

 여자 사장과는 내가 출근하는 날 만나서 이야기하기로 했다. 그 전날까지 영어로 워홀 세금법을 달달 외웠다. 여자 사장은 계속 말도 안 되는 세금법을 지어냈다. 이에 나는 무슨 소리를 하는 거냐며 외운 세금법을 정확히 말하면서 공식 홈페이지에서 캡처한 부분을 보여줬다.

그러자 갑자기 사장은 "어머.. 워홀 비자로 스텝을 처음 써서 몰랐어.."라는 새빨간 거짓말을 했다. 이전에 나한테 분명 한국 워홀 친구들이 일을 잘해서 나를 뽑았다고 말했으면서 말이다. 여자 사장은 평소와는 다른 나의 태도에 당황한 것 같아 보였다. 난 여기서 일하는 내내 단 한번도 정색한 적도 없고, 얼굴을 붉힌 적도 없다. 대부분 웃으면서 넘겼다.

오늘은 한 번도 웃지 않고, 끝까지 내가 하고 싶은 말을 했다. 전날 밤까지 사장과 어떻게 말을 해야 할지 셀 수 없이 이미지 트레이닝을 했다. 한국어로도 세금법에 대해 말하기는 어려운데, 영어로 세금법을 가지고 싸워야 하니 연기자가 대사를 외우듯 나도 내 대사를 외워갔다.

그만둔다는 생각으로 당당하게 사장과 대화를 하니까 사장도 쉽게 나를 무시하지 못했다. 당연히 애초에 사람을 무시하고 상처 준 그들의 언행이 가장 잘못된 것이다. 그렇지만 나 또한 지금까지 스스로를 '영어 실력, 커피 실력이 모자라'라고 생각하면서 그들이 내게 하는 부정한 언행을 넘겨버렸다.

그날 깨달았다. 나 스스로를 생각하고 대하는 태도가 결국 타인이 나를 생각하고 대하는 태도가 된다는 것을. 어쩌면 나는 나를 안일하게 지켰던 것은 아닐까 돌아봤다. 아는 사람 하나 없는 이곳에서 2주 동안 열심히 일한 임금을 받아낼 사람은 나뿐이었다. 나를 지켜줄 사람은 오직 나뿐이었다.

산 넘어 산

외국에서 여행이 아닌 돈을 벌며 '생활'을 한다는 건 끊임없이 산을 넘는 것과 같다. 내 임금을 띄어 먹으려는 사장이라는 산을 넘으니, 이제 또 다른 산이 나타났다. 바로 집 문제가 생겼다. 정확하게 말하자면 '집'이 아닌, '집주인'이 문제이다.

지금 내가 지내고 있는 곳은 호주인이 집주인이고, 방은 4개가 있다. 4개의 방에는 각기 다른 국적의 친구들이 한 명씩 방을 쓰고 있다. 집마다 분위기는 다 다르지만, 우리 집 친구들은 MBTI로 치면 모두 다 내향형인 'I'에 가까운 것 같다. 주방에서 만나면 웃으며 짧은 인사를 하고 각자 방으로 들어간다.

집에서 가장 시끄러운 사람은 단 한 명, 집주인이다.

여기서 집주인에 대해 이야기하자면 40대 중반의 호주 남자이고 20~30대 때 사회생활을 전혀 안 했다고 한다.(그 집도 자가가 아니라 렌트를 받은 다음 다시 방마다 렌트를 하는 것이다.) 그래서인지 사람 사이에 지켜야 하는 기본적인 선을 전혀 모른다. 틈만 나면 상대방을 기분 상하게 하는 건 일쑤였고, 플랫 메이트들이랑 말다툼하는 모습도 여러 번 봤다.

그날은 내가 임금을 주지 않으려는 카페 사장과 담판을 짓고 집에 들어간 날이었다. 집에는 인도네시아 발리에서 왔다는 새로운 플랫 메이트 친구가 집주인과 술을 마시고 있었다. 워낙 심적으로 지친 날이었기에 새로운 친구와 간단히 인사만 하고 내 방으로 들어왔다. 그러자 술 취한 집주인은 내 방문을 두드리며 같이 술을 먹자고 계속 불러냈다.

아무리 인간관계에서 적당한 선을 모르는 사람이라지만 이런 적은 없었다. 술 취한 덩치 큰 남자가 내 방문을 마구 두드리니 당황스러웠다. 일단 나는 "나 오늘 진짜! 너무너무 피곤하고 힘든 날이야.. 나 좀 쉴

게." 라고 거절했다. 집주인은 취해도 단단히 취했는지 "힘든 날일수록 같이 술 한잔해야지! 나와! 나와!"라며 내 방 앞에서 생떼를 부렸다.

내 방 앞에서 20분 넘게 술 먹자고 진상을 부리자 다른 플랫 메이트들도 집주인을 말렸다. 그런데 집주인 귀에는 아무것도 들리지 않았다. 오늘 낮에는 카페에서 양심 없는 인간들을 상대하느라 진을 다 빼고 왔는데, 저녁에는 술 취한 진상이 내 방 앞에 있으니 돌아버릴 것 같았다. 나는 최대한 내가 지을 수 있는 가장 무섭고, 냉정한 표정으로 다시 한번 말했다.

"나 술 안 먹어. 나 좀 내버려둬. 더 이상 나한테 술 먹자고 하지 마. 내 방 앞에 있지 말아줘."

그러자 집주인은 비꼬는 듯한 표정과 말투로 내게 물었다.

"너 오늘 무슨 일 있었어? 기분이 왜 이렇게 안 좋아? 왜 화났어?"

그 순간, 20분 넘도록 예의 갖추어서 거절하던 나는 사라졌다. 난 폭발했다.

"너! 너 때문에! 내가 싫다고 했지? 근데 왜 자꾸 말을 안 들어? 가라고! 나 술 안 먹는다고!"

한국에서는 상상도 할 수 없는 내 모습이다. 아마 이 모습을 가장 친한 친구가 봤다면 깜짝 놀랄 것이다. 다른 사람 앞에서 이렇게 대놓고 내 감정을 표출한 적은 없었다. 그것도 화가 난 채로. 내가 내 얼굴을 볼 수는 없지만 내 눈에서 살기가 느껴졌다. 그 눈으로 집주인을 노려봤다. 술에 단단히 취한 집주인도 처음 보는 내 모습에 보고 순간 놀란 듯했다.

잠시 침묵을 지키다가 집주인은 비아냥거리는 말투로 말했다.
"You win~(네가 이겼어~)"

집주인과 이 집에 더 있다가는 무슨 일이 날 것 같았다. 안 그래도 나를 지킬 수 있는 건 나뿐이라는 걸 뼈저리게 배운 날인데, 또 무슨 배움을 주려고 이런 분노를 주는 건지. 일단 난 집 밖으로 나왔다. 밤 12시까지는 맥도날드에서 시간을 보냈는데 이제는 진짜 갈 곳이 없었다. 우리나라 PC방이 절실하게 그리워지는 순간이었다.

그래도 이 시간이면 술에 취해서 잠에 들지 않았을까 희망을 가지며 집으로 들어갔다. 희망은 희망일뿐. 집주인은 내게 어디 갔다 왔냐며 시비를 걸어왔다. 난 또 싸우기 싫어서 대충 답해주고 방문을 걸어 잠갔다. 또 집주인은 술에 취해 혼자 새벽 2~3시에 스피커로 노래를 엄청 크게 틀었는데, 민원이 들어와서 경찰이 출동하기까지 했다.

다음날, 나는 집주인에게 미리 지불한 날짜까지만 살겠다고 말했다. 그동안 집을 바꾸고 싶었지만 이사하는 게 번거롭기도 하고, 위치가 좋아서 불편한 점들을 참고 지냈었다. 어제 집주인의 술 취한 모습을 본 이상 이곳은 내게 더 이상 안전한 곳이 아니었다. 집주인은 어제 일에 대해 사과를 하지 않았지만 집을 나가겠다고 하니 순순히 알겠다고 답했다.

 원래 인생이 그렇다. 안 좋은 일은 세트처럼 붙어 다닌다. 일도 집도 어디 하나 나를 가만히 내버려두지를 않는다. 지금까지 좋은 게 좋은 거라고 생각하면서 불편하고 기분 나쁘더라도 웃으며 참아왔다. 웃고 넘어가니까 정말 나를 호구로 봤다. 일부러 먼저 송곳니를 보이며 으르렁거릴 필요는 없지만 나를 건드리면 나도 물 줄 안다는 걸 보여줘야 한다.

 곧 일도, 집도 다 바뀐다. 퍼스에 와서 겪는 첫 번째 격변기랄까. 원래 대운이 들어올 때 인생의 큰 것들이 다 바뀐다던데. 얼마나 좋은 일이 생기려고 그러는 걸까. 지금 퍼스는 겨울의 절정이다. 원래 모든 절정의 끝은 엔딩을 향한다. 이제 내 퍼스 생활의 겨울도 끝나가는 걸까. 나한테도 봄이 올까. 제발 그러기를.

봄은 온다
~~~~~~

인생사 '새옹지마'라는 말을 퍼스에서 워홀하면서 제대로 배웠다. 나를 힘들게 하던 일과 집을 떠나면서 고생했지만, 그랬기에 난 내가 원하던 일과 집을 찾았다. 내 바람처럼 퍼스의 계절과 내 생활도 비슷하게 흘러갔다. 비바람 불고 춥기만 하던 퍼스의 겨울이 끝나갈 때 즈음, 내 일상에도 온기가 돌기 시작했다.

워홀의 꽃은 투잡이라는 말이 있다. 대부분 시티에서 워홀을 하는 친구들은 투잡을 구하고 싶어 한다. 시티는 물가가 비싸서 일자리 하나로는 돈을 모으기 쉽지 않기 때문이다. 그런데 투잡도 하고 싶다고 다 하는 게 아니다. 당연히 업주들이 나를 뽑아줘야 하고, 스케줄도 겹치지 않게 잘 맞아야 한다.

투잡도 계속 시도를 하니 결국 잡았다. 첫 번째 잡은 시티에 있는 카페에서 바리스타로 일하는데, 주 5일 월요일~금요일, 오전 6시부터 오후 1시까지 오픈 조 고정 스케줄을 받았다. 두 번째 잡는 주 6~7일 일식 레스토랑에서 오후 5시부터 밤 10시까지 일한다. 무엇보다 가장 중요한 것은 두 일자리 모두 사장님과 스태프들이 너무도 좋은 사람들이다.

새롭게 이사한 집은 시티에서 조금 더 멀어졌다. 그럼에도 내가 이 집을 선택한 이유는 명확하다. 집주인과 플랫 메이트들 때문이다. 집을 보러 가면 집마다 특유의 분위기가 느껴지는데 이 집은 딱 알 수 있었다. 내가 찾던 사람 간의 따뜻함이 느껴졌다. 내 느낌은 틀리지 않았다.

플랫 메이트들의 국적은 호주, 인도네시아, 일본. 이렇게 각기 다른 나라이다. 우리는 오래된 친구처럼 서로 케미가 잘 맞았고, 모두 정이 깊었다. 친구들은 아침 일찍부터 늦게까지 일하는 날 위해 저녁에 내가 먹을 음식을 만들어 주기도 하고, 장 보러 가서 내가 좋아하는 과일이 있으면 꼭 챙겨줬다.

 나도 시간 여유가 있는 날은 친구들이 좋아하는 음식을 만들어 놓기도 하고, 김치를 좋아하는 친구들을 위해 김치 선물도 하기도 했다. 우리는 한 달에 한두 번씩은 꼭 집에서 함께 저녁도 먹고 술도 마시며 즐거운 시간을 보냈다. 퍼스에 오고 나서 정말 집다운 집에서 사람답게 사는 기분이었다. 이것이야말로, 내가 꿈꾸던 워킹홀리데이의 한 장면이었다.

 투잡과 안정적인 생활 덕분에 저금도 하고 있다. 퍼스에 와서는 현상 유지를 하기 바빴는데, 드디어 세이빙 계좌에 돈이 쌓이고 있다. 주 7일에 평균 60시간 일을 넘게 몸으로 하는 일을 하는 생활은 무척 고되지만 요즘에 나는 이 생활이 꽤나 만족스럽다. 맨손으로 와서 이렇게 내 자리를 만들어서 '생활'하고 있는 내가 대견스럽다.

 봄 같은 생활이 얼마나 유지될지는 모른다. 당연히 봄은 지나가기 마련이다. 다만 이제는 덜 불안하다.

지금까지 만난 산들을 나 혼자의 힘으로 잘 걸어왔기 때문이다. 모든 과정을 겪으며 생긴 건 '나 자신을 믿는 힘'이다. 앞으로 또 어떤 언덕들이 눈앞에 나타날지는 몰라도 확실히 아는 건 있다. '지금까지 그래왔듯 내가 알아서 잘할 것이다. 난 나를 믿는다.'

검은색의 삶
~~~~~

 새벽 5시 알람이 울린다. 빠르게 씻고, 화장하고, 머리를 손질한다. 첫 차도 없는 시간이라 올라(우버랑 비슷한데 조금 더 저렴하다)를 불러 카페로 출근한다. 5시 50분 카페에 도착해서 사장님과 스텝분들과 활기차게 굿모닝 인사를 한다. 정신을 차리기 위해 진하고 뜨거운 라테 한잔을 탄다. 두 모금 마실 즈음, 단골손님이 들어오면 난 반갑게 그의 이름을 부른다.

 이 아침 루틴은 4개월 가까이 반복되고 있다. 두 번째 직장인 일식 레스토랑 일을 마치면 밤 10시. 집으로 곧장 가서 씻고 누우면 11시가 조금 넘는다. 아침 5시에 침대에서 일어나면서 시작된 하루는 밤 11시에 다시 침대로 돌아가면서 끝이 난다. 태어나서 이렇게 내가 24시간을 꽉꽉 채워서 살아본 적이 있나 싶다.

투잡 생활도 이제 몸에 익었다. 예민한 편이라 평소 잠을 잘못 자는 편인데 호주에서 투잡을 하고 나서부터 불면증은 없어졌다. 요즘에는 머리에 베개가 닿기만 하면 바로 잔다. 다만 하루 종일 커피를 만들고, 스시와 롤을 만들고, 서빙을 하느라 손가락 마디와 무릎이 너무 아파서 새벽에 깰 뿐이다.

사실상 나에게는 워킹홀리데이가 아니라, 워킹워킹데이다. '일-일-집'이 쳇바퀴 돌 듯 반복되는 일상을 살아가고 있다. 가끔 플랫 메이트 친구들과 함께하는 식사 자리가 아닌 이상 사람 자체를 못 만나고 있다.

브리즈번 근교에서의 공장 생활부터 퍼스에서의 시티 생활까지, 나는 '일'이 우선이었다. 플랫 메이트들은 일만 하는 나를 걱정하며 이렇게 말했다. "일만 하면 힘들지 않아? 가끔 여행도 가고 쉬어주는 게 좋을 것 같아." 난 친구들에게 말한다. "괜찮아! 나 정말 지금 이 생활 너무 좋아." 이건 의례적인 멘트가 아니다. 나도 신기할 정도로 이 생활이 진심으로 좋다.

물론 하루 평균 11~12시간 동안 육체노동을 하는 삶은 무척이나 힘들다. 하지만 이 힘듦에는 고통만 있는 것이 아니다. 이 힘듦에는 보람이 있고, 몰입이 있다. 말도 제대로 통하지 않는 나라에 와서 바리스타를 해보고 싶다, 투잡을 해서 돈을 벌고 싶다는 목표를 어찌 됐든 이루어 냈다. 과정이 힘겨워서 그런지 성취는 더욱 보람차다.

하루하루는 분명 비슷하게 흘러가는데 난 이 삶에 몰입하고 있었다. 매일이 반복되면 의식하지 않고 그저 흘려보낼 수 있는 일상이지만 이곳에서는 다르다. 외국이라는 배경과 영어라는 언어가 매일 적절한 긴장감과 도전 의식을 자극시켰다.

나의 워홀 생활을 색깔로 표현한다면 검은색이 떠오른다. 실제로 카페에서 일할 때 검은색 티를 입고 일하고, 일식 레스토랑에서도 검은색 티를 입는다. 또 해가 뜨기 전 새벽에 일을 나갈 때 하늘은 컴컴하고, 집에 돌아갈 때도 밤하늘은 검은색이다.

내 워홀 생활은 알록달록하지는 않지만 난 이 검은색의 삶이 좋다. 하나에 집중하고, 하루에 집중하는 삶을 보여주는 것 같달까. 한국에서부터 내가 원했던 삶이다. 에너지를 여러 곳에 분산하는 것보다 단조롭게 집중하는 삶. 그리고 보면 검은색처럼 섹시하고 또렷한 색도 없다. 난 지금 검은색의 내 삶이 좋다.

퍼스, 참을 수 없는 아쉬움과 그리움

어느덧 호주에 온 지 1년이 다 되어간다. 이제는 세컨드 워킹 홀리데이 비자 신청을 해서 호주에서 1년 더 살지, 호주 삶은 정리하고 다시 여행을 갈지, 한국으로 들어갈지 결정을 해야 할 때이다. 이 선택에 답을 내리는 건 어렵지 않다. 내 마음속에서는 이미 답이 정해져 있었다. 난 1년 더 호주에서 살고 싶다.

다른 것보다도 몰입하는 이 삶이 좋다. 그리고 더 해보고 싶은 것이 생겼다. 바로 커피. 한국에서도 카페 사업 쪽 일을 해왔지만 호주 카페에서 일을 해보니 더욱 매력 있었다. 세컨드 비자를 쓴다면 커피로 유명한 도시인 멜버른으로 가서 바리스타를 해보고 싶고, 열심히 돈을 모아서 커피 아카데미도 다녀보고 싶다.

지난 여행길 위에서 늘 고민해 왔다. '여행이 끝나면 뭘 하지?', '난 뭐 해 먹고 살지?' 지금도 정확한 정답을 찾은 건 아니다. 그래도 '하고 싶은 것'과 '하고 싶은 마음'은 찾았다. 이거면 내가 호주를 떠나지 못하는 이유, 내가 이곳에 살고 싶은 이유로 충분하다. 난 하고 싶은 것이 있고, 하고 싶은 마음이 있을 때 가장 충만한 사람이니까.

어느덧 한국을 떠난 지 1년하고 7개월이 다 되어 간다. 첫 번째 워킹 홀리데이 비자가 만료되기 한 달 전 즈음, 그러니까 몇 주 뒤에 한국으로 돌아갈 계획이다. 한국에 잠시 들러 가족과 친구들을 보고, 다시 세컨드 비자를 써서 호주로 돌아올 예정이다.

문득 이런 계획을 고민 없이 세우고 있는 내가 신기하기도 하다. 퍼스에 와서 1시간 만에 카페에서 잘리고, 임금 띄어 먹으려는 사장 만나고, 술주정뱅이 집주인 만났을 때만 해도 '퍼스 언제 떠나지? 워홀을 왜 하는 거지?' 매일 생각했던 나였다. 그런데 이제는 호주로 다시 돌아올 계획을 세우고 있다.

퍼스의 한인 인터넷 카페 이름은 '퍼스.. 참을 수 없는 그리움'이다. 처음에 카페 이름을 보고 이해가 가지 않았다. 이 지긋지긋한 퍼스! 나한테 고생한 시키는 퍼스! 얼른 떠나고 싶다는 생각만 했다. 그런데 이제 곧 퍼스를 떠날 생각을 하니 벌써부터 그리워진다. 지금 난 카페 이름을 참 잘 지었다고 감탄하고 있다.

이전에 퍼스에서 먼저 워홀 했던 친구들이 퍼스는 묘한 매력이 있다고 했던 말이 떠오른다. 퍼스는 일도 구하기 힘들고, 다른 대도시에 비해 동양인 인구가 적어서 인종차별도 심하다고 했었다. 그런데 살다 보면 진짜 좋을 거라고, 조금만 자리 잡으면 퍼스만큼 살기 좋고, 평온한 도시도 없을 거라고 했던 말이 떠오른다.

고민 중이다. 세컨드 비자로 호주를 돌아올 때 퍼스로 다시 돌아와서 살다가 멜버른으로 이동을 할지, 아니면 처음부터 멜버른으로 갈지. 확실하지는 않지만 퍼스에 다시 돌아오고 싶은 마음이 크다. 이미 나는 '퍼스..참을 수 없는 그리움'에 취했나보다.

그래도 다행이다. 내가 1년이나 지냈던 곳을 아쉬워할 수 있어서, 떠나는 곳을 그리워할 수 있어서. 어느 곳, 어떤 사람과 이별 때 찾아오는 아쉬움과 그리움은 내가 머물렀던 그곳과 그 사람을 진심으로 좋아했다고 말해주는 것이니까.

제4장
돌고 돌아 제주 이방인

너무 열심히 살아서
~~~~~~~~~~~

 2018년 12월 10일, '도착'이라는 한글이 진하게 보입니다. 떠난 지 570일 만에 다시 돌아온 인천공항이다. 이번 한국행은 완전한 귀국이 아니다. 잠시 한국에서 재정비 시간을 갖고, 세컨드 비자를 받아 다시 호주로 떠날 계획이다. 문제는 세컨드 비자 신청 승인 기간 호주 이민성 일 처리가 늦어서 어떤 사람들은 4~5개월이 걸려 비자 승인이 났다고 했다. 그런데 나는 호주로 갈 팔자였던 걸까. 신청하고 1주 만에 바로 세컨드 비자 승인이 확정되었다.

 세컨드 비자를 받고 나니 마음이 한결 가벼워졌다. 한국에서 2~3개월 동안은 해외에 있어서 처리하지 못했던 행정적인 업무를 보고, 푹 쉬며 가족, 친구들과 여유로운 시간을 보내기로 했다. 호주에서 고생한 시간을 보상받듯 한국에서는 여유와 평화 속에서 하루하루 달콤하게 지냈다.

 그러던 중 3월의 어느 봄날이었다. 인도 여행 때 만난 친한 동생을 만나러 부산으로 갔다. 1년 반 만에 만나는 동생과의 만남을 얼마나 기다려왔는지 모른다. 날씨마저 완벽했던 날 우리는 광안리에서 재회했다. 서로 그동안 쌓아왔던 보고픔은 우리의 웃음소리와 이야기로 쉴 새 없이 터져 나왔다.

 동생과 낙곱새에 간단히 맥주 한 병을 나눠 먹고, 광안리를 배경으로 신나게 사진도 찍었다. 그다음 코스는 동생이 알아놓은 카페였다. 아담한 카페에 나란히 앉아 이야기꽃을 피울 때쯤 갑자기 문제가 생겼다. 내 오른쪽 발목이 욱신욱신 아프기 시작했다. 처음에는 이러다 말겠지 하고 참았다. 하지만 발목 통증은 점점 심해졌고, 카페를 나갈 때는 걷지 못할 정도가 됐다.

 병원이 다 닫은 시간이라 급한 대로 약국에 가서 소염진통제와 파스를 받아왔다. 그 후 우리의 부산 여행은 숙소 안에서만 진행된다. 동생은 1년 반 만에 나를 만나 병수발을 드는 신세가 됐다. 너무 미안했고, 내

발목이 원망스러웠다. 다음 날, 부기와 통증도 더 심해져서 아예 발을 땅에 못 디딜 정도가 되었다.

 겨우겨우 버스에 올라타 경기도 본가로 올라왔다. 더 큰 문제는 오른쪽 발목뿐만 아니라 왼쪽 손목, 손가락까지 퉁퉁 부어 움직일 수 없었다. 처음 동네 정형외과를 갔을 때는 병명도, 원인도 찾을 수 없었다. X-ray로 보기에 아무런 문제가 없다고 했다. 여러 병원을 돌고 돌다가 정형외과 전문 대형 병원에 가서 MRI 검사, 피검사, 소변 검사, 류마티스 관절염 검사 등 관련된 검사란 검사는 다 받았다.

 의사 선생님께서 원인을 말씀해주시길, 체내 염증 수치가 비정상적으로 높아져서 평소에 많이 쓰던 부위에 염증이 생긴 것이라고 했다. 지금 상태가 심각하기 때문에 입원을 해야 한다고 했다. 태어나서 처음 해보는 입원이었다. 그때 팔과 다리에 통증이 얼마나 심했는지, 살짝 건드리기만 해도 자지러지듯이 아팠다. 입원하자마자 손목과 발목에 각각 깁스가 채워졌다. 휠체어 없이는 생활할 수 없었고, 엄마 없이는 화장실조차 가지 못했다.

 나는 의사 선생님께 왜 이런 병이 생긴 건지 여쭤봤다. 의사 선생님은 나에게 오히려 질문을 하셨다.
 "환자분, 그동안 손 많이 쓰는 일을 하셨죠? 오래 서서 일하기도 했고요?"

 한국에서 서울 빌딩 숲속 무척 바쁜 카페에서 오랜 시간 일하기도 했고, 호주 나가서는 1년 동안 내 체구와 체력에 비해 과한 일을 했다. 야채 공장일부터 바리스타, 일식 레스토랑 일까지, 계속 서서 손을 쓰는 일만 한 것이다. 이 이야기를 말씀드리자 선생님은 단호하게 답하셨다.

 "너무 열심히 살아서 그래요. 환자분은 앞으로 강도 높은 육체노동을 하면 안 돼요. 특히 커피 일은 앞으로 절대 하지 마세요."

 다른 말보다도 선생님의 두 문장이 가슴에 닿아 쓰라렸다.

"너무 열심히 살아서 그래요."
"커피 일은 앞으로 절대 하지 마세요."

정말로 나는 열심히 살았을 뿐이다. 한국에서도, 해외에서도. 나 스스로를 미워했던 만큼 열심히 살았다. 나의 한계가 느껴질 때면 그 한계를 이겨내야 나를 좋아할 수 있을 거라고 생각했다. 상황, 체력이 맞지 않아도 무조건 정신력으로 버틸 수 있을 줄 알았다. 어떤 도전을 하든 '포기, 실패'의 원인은 오로지 '나'로 돌렸다. 그렇기에 나는 늘 내가 가지고 있는 에너지 그 이상으로 버텨왔다.

열심히 살아온 사람에게 돌아온 것이 겨우 병이라니. 이보다 슬픈 일이 있을까. 게다가 이제야 하고 싶은 일을 찾았는데. 커피 일마저 하지 말라니. 난 왜 그 무거운 배낭을 메고 오랜 시간 낯선 길 위를 헤매었고, 아무도 없는 타지에서 무엇을 위해 새벽부터 밤까지 일만 죽어라 했던 걸까.

난 운이 없는 사람일까. 남들은 오랜 시간 여행을 하고, 해외 생활을 하면 인생에 중요한 것 하나는 찾던데. 직업이 됐든 사랑하는 사람이 됐든 정착할 장소가 됐든 이 중에 뭐 하나는 찾던데. 왜 나에게는 혼자서 아무것도 하지 못하는 병든 몸뚱이만 준 것일까.

세상을, 내 운명을 원망하고 싶었다. 하지만 원망도 몸에 힘이 있어야 할 수 있더라. 당장은 원망이고 뭐고 몸이 너무 아팠다. 일단은 회복이 먼저였다. 그리고 아무에게도 티 내지 않았지만 마음 깊은 곳에서 호주 워홀은 포기하지 않고 있었다. 세컨드 비자 유효기간이 1년이니 그 안에 몸이 완전히 나으면 호주에 갈 수 있을 거라고 생각했다.

난 다시 떠날 수 있을 거라고, 그렇게 믿었다. 그 믿음마저 없으면 버틸 수 없었다. 이대로 떠나지 못하게 된다면 지금까지 살면서 유일하게 스스로 찾고 만든 여행이라는 꿈을 부정당한 것 같았다. 그리고 그 꿈은 곧 '나 자신'과 같았기에. 이 꿈이 무너지면 내가 무너질 것 같았다. 난 억지로 믿는 수밖에 없었다.

'그래도 난 다시 떠날 수 있을 거야. 아니, 떠날 거야.'

떠나지 못해서 찾은 꿈

 회복 속도는 내 예상보다 더뎠다. 아무 도움 없이 팔과 다리를 쓸 수 있을 때까지 4개월이 걸렸다. 이 상태는 다 나은 것도 아니었다. 손목, 발목을 조금만 많이 써도 통증이 느껴졌다. 가볍게 일상생활을 할 때는 큰 문제가 없었지만 카페 일과 같이 손목, 발목을 많이 써야 하는 일은 불가능했다.

 나는 인정할 수밖에 없었다. 호주 비자 유효기간이 남아있을지라도 이 몸으로 워홀을 다시 가는 것은 곧 터질 폭탄을 안고 가는 것과 같았다. '두 번째 워홀, 그다음은 두 번째 세계여행'이라는 이 계획은 한국에 돌아오고 6개월이 지나 흔적 없이 사라졌다. 긴 여행을 떠나기 전과 떠난 후, 난 다를 바가 없었다. 결국 제 자리였다.

'이제 나 뭐 하지? 뭐 해 먹고 살지?' 이 질문은 또다시 나를 찾아왔다. 암담했다. 성치 않은 몸도 몸이지만, 이제 내 나이도 마냥 어린 나이는 아니었다. 만 29살, 한국 나이로는 서른. '어른'이라는 단어와 생김새도 발음도 닮은 '서른'. 서른의 나는 20대보다 퇴보된 것 같았다. 20대 때는 '여행'이라는 꿈을 가지고 내 삶을 책임지며 살았다. 그런데 서른의 나는 내 몸 하나도 온전히 책임지지 못하고 있다.

몸이 돌아오니 이제는 정신 차례였다. '이제 나 뭐 하지?'로 시작된 질문은 지금까지 내가 살아온 과거의 삶에 후회, 자책으로 남겨진 상처를 모두 소환했다. 이들은 자글자글한 내 뇌 주름 사이사이를 가차 없이 공격했다. 이 폭격의 끝은 무기력한 서른 살에 나를 직면하는 일이었다. 나는 내가 살아온 삶을 부정했다. 매일 아침 눈을 뜨기 싫었다. 가족에게 또 걱정을 끼칠 수는 없었다. 화장실에 숨어 소리 없는 눈물만 흘렸다.

그렇게 몇 날, 몇 주를 살아냈다. 끊임없는 '부정의 공격'을 견디기 위해서 나는 뭐라도 해야 했다. 사람을 붙잡고 말할 힘도 용기도 없었다. 난 하얀 종이 위에 내가 하고 싶은 말들을 모조리 다 털어냈다. 쓰다 보니 조금씩 부정의 힘이 약해졌다. 뭔가를 쓸 때만큼은 숨이 쉬어지는 것 같았다. 부정의 공격으로부터 나를 지키는 유일한 방법을 찾은 것이다.

매일 아침, 가방에 노트북과 공책을 챙겨서 도서관으로 향했다. 도서관은 오갈 곳 없는 나에게 기꺼이 내 자리를 내어줬다. 매일 같은 자리에 앉아 글을 썼다. 정해진 주제도 없다. 그 순간 배설하고 싶은 말들을 종이 위에 토해냈다. 쓰기 위해 썼다. 아니 살기 위해 썼다. 쓰는 나날들이 쌓이면서 부정의 힘은 점점 무력화됐다. 그리고 동시에 내 마음속에는 스멀스멀 짧은 문장들이 떠다니기 시작했다.

'글 쓰고 싶다.', '작가가 되고 싶다.'

'꿈'이란 것이 내게도 다시 피어올랐다. 세계 방방곡

곡을 떠돌며 그렇게 찾고 싶었던 꿈이었다. 참 웃기다. 12시간 비행기를 타고 먼 곳으로 떠나 찾아 헤맬 때는 보이지 않더니, 떠나지 못하게 돼서야 찾았다. 만나기만 하면 내 모든 것을 다 쏟아 내리라 다짐할 때는 오지 않았으면서 아무것도 쏟아낼 게 없을 때, 글은 내게 왔다.

제주가 잘 어울리는 사람

 글을 써보자고 다짐하고 나서부터 내 일상은 '집-도서관-운동'의 무한 반복이었다. 대륙과 대륙을 오가며 세계여행을 했던 사람이 맞나 싶을 정도로 단조로운 일상을 2년 동안 착실히 살아냈다. 게다가 코로나19까지 이 세상에 나오면서 2년 중 1년은 '집(잠)-집(글)-집(운동)'으로 진정한 집순이가 됐다.

 그런데 사람이 타고난 본능은 어디 가지 않는다. 온몸 구석구석 역마살이 단단히 끼어있는 사람이 한 곳에서 정해진 루틴에 맞춰 산다는 건 운명을 거스르는 것과 같았다. 억눌러 왔던 방랑 세포들이 슬슬 깨어나고 있었다. 어디로든 떠나야 한다고, 떠나서 낯섦과 부딪혀야 한다고 말하고 있었다.

코로나 때문에 외국으로 나가기에 제약이 많기도 했지만 사실 가장 큰 걸림돌은 돈이었다. 2년 동안 다른 일은 하지 않고 오로지 글만 썼다. 그동안 모아 둔 돈을 야금야금 쓰면서 살았기 때문에 통장의 숫자는 한없이 가벼웠다. 국내로 눈을 돌렸다. 한국에서 살아보지 않은 곳에서 한달살이를 해보기로 결심했다.

일단 나는 강이든 바다든 물이 있어야 한다. 난 경기도 내륙 사람이라 이곳과는 색다른 풍경이 있는 곳이 좋다. 너무 큰 도시도 아니고, 그렇다고 너무 시골도 아닌 곳이 좋다. 한 달 살기에 적합한 숙소가 있어야 한다. 이 필터를 거치고 나니 부산, 남해, 여수, 제주 정도로 간추려졌다. 본격적으로 이 네 도시에 대해 검색해 봤다. 결국 나의 최종 선택은 '제주'였다.

내게 제주는 특별한 곳이다. 7년 전, 대학교를 갓 졸업하고 무슨 일을 해야 할지, 어떻게 살아야 할지 정하지 못하고 방황하던 때, 처음으로 혼자 떠났던 곳이다. 그때의 난 제주에 반했었다. 4박 5일의 여행을 끝내고 다시 김포공항으로 돌아오는 비행기를 탔을 때,

난 마음속으로 굳게 다짐했었다. '나중에 꼭 제주에서 살 거야.'

이번에는 짧은 여행이 아니라 한 달 동안 살아볼 계획이기 때문에 알아볼 것이 많았다. 가장 중요한 건 숙소였다. '제주 한달살이 숙소'를 검색하니 정보가 너무 많았다. 알아보면 알아볼수록 결정하기 어려웠다. 이러다가는 인터넷으로만 제주 한달살이를 하고 끝나버릴 것 같았다.

긴 고민은 접어두고 원래 내 스타일대로 하기로 했다. 내 여행은 비행기 티켓을 사야 진행이 된다. 한달살이 숙소고 뭐고, 일단 나는 일주일 뒤 떠나는 비행기 티켓부터 사버렸다. 비행기 티켓을 예매하고 나니 그제야 떠나는 것이 실감이 났다. 약간의 긴장과 설렘이 가슴 속에서 일렁이기 시작했다. 호주에서 한국으로 들어온 후, 2년 만에 처음 떠나는 것이었다.

무엇보다 이번 제주행은 내게 새롭고, 또 특별하다. 단순히 여행을 위한 떠남이 아니기 때문이다. 나는 한 달 동안 낯선 곳에서 매일매일 글을 쓰려고 떠나는 것이다. 더불어 '글로 먹고살고 싶다'는 나의 꿈에 도전하기 위한 떠남이었다.

 제주행이 정해지고 나는 친한 친구에게 곧 제주로 한달살이를 하러 간다고 메시지를 보냈다. 친구는 메시지를 보자마자 전화를 걸어왔다. 꼭 자신이 제주로 떠나는 것처럼 설렘에 가득 찬 목소리로 내게 말했다.

 "잘 생각했어. 슬기야. 너 너무 오랫동안 떠나지 못했잖아. 열심히 글 쓰는 모습도 보기 좋지만 지치지 않을까 걱정되더라. 네가 떠난다는데 왜 내가 더 설레냐. 너무 부럽다. 내 느낌인데 너 한 달만 안 살 것 같아. 제주에서 오래 살 것 같아. 왠지 너는 제주랑 잘 어울려."

 친구와 전화를 끊고 난 후, 이 말이 내 귓가에 머물렀다. "왠지 너는 제주랑 잘 어울려." 제주랑 잘 어울리는 사람이라. 묘하게 기분이 좋았다. '제주가 잘 어울리는 사람'이라는 이 말이 참 예뻤다. 이 말만으로도 아직 시작하지 않은 내 제주살이가 반짝반짝 빛나는 것 같았다.

 그리고 정말 궁금해졌다. 과연 나는 한 달만 살고 돌아올까. 아니면 친구 말처럼 제주에 더 오래 살게 될까. 만약 한 달 뒤 무언가, 누군가 제주를 떠나지 말라고 날 붙잡는다면, 난 붙잡힐 것만 같다. 날 붙잡는 것이 푸르른 제주 바다가 될지, 주황빛 제주 노을이 될지, 부드러운 제주 바람이 될지, 어떤 이의 따뜻한 손이 될지 모르지만, 난 속절없이 붙잡히고 싶다.

이름을 붙여주고 싶은 날

 첫날 숙소는 서귀포 시내의 한 호텔이었다. 이 호텔은 3박을 예약했고, 그동안 한달살이 숙소를 알아보러 다녔다. 하루에 2만 보씩 걸으면서 숙소를 부지런히 보러 다녔는데, 마땅한 곳이 없었다. 정확히 말하자면 내가 낼 수 있는 금액에서는 마음에 드는 곳이 없었다. 자취방 알아볼 때와 똑같이 꼭 뭔가 하나씩 치명적인 단점이 있었다.

 호텔 3박이 끝나는 날 아침, 일단 짐을 싸서 나왔다. 체크아웃을 하면서 혹시나 해서 직원분께 한달살이 숙소 정보를 알고 계시냐고 물어봤다. 직원분은 다른 숙소는 잘 모르지만, 이 호텔에서도 1인실 한달살이 이벤트를 하고 있다고 말씀해 주셨다. 코로나 규제가 많이 풀리긴 했지만 조금 남아있을 때라 관광객이 없어 가격도 무척 저렴했다.

 직원분은 방을 보여주겠다고 하셨다. 따라가 보니 한달살이 전용 방은 2~3층에 있었고, 앞에 건물이 바짝 붙어있어서 창문을 열면 회색 빌딩 벽만 보였다. 역시나 여기에도 치명적인 단점은 있었다. 고민이 됐다. 이 호텔의 장점은 서귀포 시내 중심에 있어서 차가 없는 내게 위치는 최고였다. 무엇보다 금액이 3일 동안 본 숙소 중에 가장 합리적이었다.

 난 그 자리에서 결정했다. 첫날 도착한 그 호텔에서 한 달을 지내기로. 바로 카드로 한 달 금액을 계산하고 방으로 들어갔다. 1인실이라 고시원에 가까운 분위기지만 깨끗하고, 따뜻한 물 잘 나오니 난 만족이다. 캐리어에 있던 짐을 모두 다 꺼냈다. 내일 이곳을 떠날 여행자처럼 하루치 짐만 꺼낼 필요가 없다. 이제 한 달 동안 이곳은 정말 '내 방'이니까.

 짐 정리를 마치고 서귀포에서 가보고 싶었던 서홍정원이라는 카페로 향했다. 20분 남짓 걸어가는 길에 하늘은 온통 주황빛으로 물들었다. "우와... 제주도 너무 예쁘다.."라는 혼잣말이 절로 나왔다. 이 아름다움을 놓칠새라 멈춰서서 가방에서 카메라를 꺼내 들었다. 얼마 만에 휴대폰이 아닌 카메라로 사진을 찍는지 모르겠다.

숙소를 정했다는 홀가분함 때문일까. 특별하지 않은 이 노을이 왜인지 모르게 내겐 너무도 특별하게 느껴진다. 마구마구 의미를 부여하고 싶다. 그냥 '예쁜 노을'이 아니라, '제주살이 숙소를 구한 첫날 만난 예쁜 노을'이라고 이름을 붙여주고 싶다. 무엇이든지 이름을 붙여주고 나면, 의미가 생긴다. 그리고 그 이름을 부르다 보면, 잊기 어려운 기억이 생긴다.

나는 늘 그래왔다. 낯선 길 위에서 선물처럼 만난 아름다움에 이름을 붙여주고, 그 이름을 부르고, 그 이름을 내 공책에 썼다. 난 공책에 이렇게 잊기 싫은 기억을 차곡차곡 채워나갔었다. 정말 오랜만이었다. 내가 좋아하는 나를 만난 순간이.

역시 나는 떠나야 하는 사람인 걸까. 낯선 곳에서 마주하는 이 장면들과 그로 인해 생겨나는 나의 감정이 참 좋다. 물론 이번 제주살이는 마냥 쉬기 위해 나온 것이 아니기에 마음 한편에는 '글로 뭔가를 해내야 한다'는 압박감이 있다. 그렇지만 제주에 도착한 첫날부터 하루하루 지날수록 마음속에서는 이렇게 말하고 있었다.

'나오길 잘했어.
역시 나는 강물처럼 흘러야 하는 사람이야.
한 곳에 고여있을 때보다 흐를 때 가장 나다워.
제주에 오길 정말 잘했어.'

남겨진 사람, 떠나는 사람

 본격적으로 제주 생활이 시작됐다. 글을 쓰기 위해 온 제주인만큼 난 가장 먼저 작업하기 좋은 카페를 탐색했다. 서귀포 시내에는 프렌차이즈 대형 카페가 많았는데 하루에 한 곳씩 돌아가면서 실제로 글을 써봤다. 그중에 가장 마음에 드는 곳은 서귀포 중앙로터리 바로 앞에 위치한 한 카페였다.

 매일 그 카페로 출근했다. 호텔 살이 중이라 밥은 매번 나가서 사 먹어야 했는데 일찌감치 카페로 가서 샌드위치랑 커피로 한 끼를 해결했다. 그리고 오후에 커피 한 잔을 또 시켰다. 정말 내 작업실인 것처럼 카페에서 오랜 시간을 보냈다. 카페 직원분들이 워낙 친절하셔서 매일 오는 나를 기억하시고는 더욱 살뜰히 챙겨주셨다.

직원분들과 짧은 대화를 나눌 만큼 친해졌을 때쯤, 한 남자 직원분이 테이블 정리를 하시다가 내 자리로 다가와 이렇게 질문하셨다.
"저 궁금한 게 있는데, 고객님 육지 분이시죠?"

내 신상에 대해 한 번도 말한 적이 없어서 깜짝 놀라며 대답했다.
"엇? 네! 지금 한달살이 중이에요. 근데 어떻게 아셨어요?"

그 직원분은 '그럼 그렇지'라는 표정으로 대답했다.
"그냥 딱 보면 알아요. 저는 처음 카페 오셨을 때부터 육지 분이라고 생각하고 있었어요."

난생처음 들어보는 '육지 분이시죠?'라는 신선한 질문에 나는 직원분께 육지 사람과 제주도 사람의 차이가 뭔지 물어봤다.
"그런데 육지 사람이랑 제주도 사람이랑 뭐가 달라요? 어떤 차이가 있어요? 저는 하나도 모르겠는데"

"아... 말로 설명하기는 어려운데 그 느낌이 딱 있어요. 매일 고객님 오시는 시간에 옆 테이블에 앉아서 노트북 하시다가는 회색 패딩 입은 남자 손님 기억나세요?"

"네, 기억나요. 거의 저랑 비슷한 시간에 오시는 분!"

"네. 그분도 육지분이신데, 여기 한 달 정도 매일 오셨었거든요. 어제 저한테 이제 서귀포 떠난다고 인사하시더라고요. 그분도 한달살이 끝내고 서울로 돌아가신대요. 육지 단골손님들은 이렇게 떠나가면 언제 다시 볼 줄 모르니까 기분이 이상하더라고요..적적하달까요. 에이. 이래서 떠날 사람한테 정주면 안 되는데 매번 어렵네요."

늘 밝아 보였던 직원분의 축 처진 어깨와 눈매, 그와 닮은 목소리는 처음이었다. 그런데 직원분의 낯선 모습은 묘하게 내게는 낯익었다. 꼭 여행길 위에서 나를 보는 것 같았다. 긴 여행 중에 맞이해야 했던 이별의 상황, 그중에서도 나는 남겨진 사람이 됐던 상황. 그 속에 나 같았다.

 낯선 길 위에서 만난 모르는 사람은 아는 사람이 된다. 낯선 곳도 익숙해지고, 낯선 사람도 익숙해지면 이제 남은 일은 이별이다. 다시 각자의 낯선 길로 향한다. 그럴 때면 나는 항상 그곳에 남겨진 사람이 되기 싫었다. 그곳에 남아 떠나는 사람의 뒷모습을 바라보는 일은 몇 번을 해도 내겐 버거웠다.

 떠나는 사람의 뒷모습을 바라보면서 나는 속으로 매번 같은 말을 했다.
 '어차피 헤어질 사람인데, 괜히 마음을 줬어. 다음에는 마음 같은 거, 정 같은 거 절대 안 줄래.'

 직원분은 어쩔 수 없이 이 자리에 남겨진 사람이 됐을 것이다. 나처럼 떠나는 사람의 마지막 인사를 들을 때마다, 뒷모습을 바라볼 때마다 나와 닮은 다짐했을 것이다. 하지만 도대체 언제 우리 마음이 우리 말을 잘 들었었나. 돌이켜보면 항상 내 마음은 내 것이 아니었다. 마음은 마음의 것이라 마음이 가는 대로 했다.

직원분은 이어서 내게 말했다.

"아... 한달살이면 얼마 안 남았겠네요. 고객님 떠날 거 생각하니까 벌써부터 힘 빠지는데요. 이제 고객님한테 너무 잘해주지 말아야겠어요! 고객님도 저한테 웃으면서 인사하지 마세요!"

울적한 모습을 보인 게 멋쩍은 듯 직원분은 농담을 섞어 웃으며 내게 말했다. 그런 직원분께 나도 웃으며 말했다.

"근데 저 여기가 좋으면 더 오래 있을 수도 있어요. 떠날 날은 아직 아무도 몰라요. 그러니까 지금부터 저 육지로 보낼 생각하지 마세요. 저 앞으로 계속 올 테니까 잘해주시고요!"

나와 닮은 모습 때문인지 지금부터 이별을 연습하지 말자고 말하고 싶었다. 지난 몇 년간 성실히 이별

연습을 해왔지만 그건 아무런 효력이 없었다. 지난 여행이 그랬듯, 모든 인연이 그랬듯 어차피 누군가는 떠나는 사람이 되고, 누군가는 남겨진 사람이 된다. 우리가 할 수 있는 일은 함께 같은 길을 걷고 있을 때 온 마음을 다하는 것, 그것뿐이지 않을까.

제주에 속절없이 붙잡혔다.

 제주에 처음 내려온 건 11월 22일, 늦가을쯤이었다. 나는 날씨의 영향을 많이 받는 사람이기도 하고, 몸이 찬 편이라 겨울을 무척 싫어한다. 들던 대로 제주는 내가 사는 경기도 내륙보다 훨씬 따뜻했다. 제주의 늦가을이 이 정도 추위라면 겨울은 쉽게 견뎌볼 만하겠다고 큰소리를 쳤었다. 그 말은 씨가 되어 12월, 1월, 2월을 지나 제주에서 겨울을 나고 있었다.

 제주, 그것도 내가 사는 서귀포는 우리나라에서 겨울이 가장 먼저 떠나고 봄이 가장 빠르게 찾아오는 곳이다. 2월 중순인데 서귀포의 바람은 한껏 부드러워졌다. 그러자 난 또 욕심이 생기기 시작했다. '제주의 봄은 또 얼마나 아름다울까. 그래. 이왕 겨울도 다 끝나가는데, 제주의 봄까지는 살아봐야 하지 않을까?'

제주에서 자주 만나는 친구 B와 그녀의 남자친구 H에게 내 마음을 말해봤다.

나 : 나 제주도 봄은 한 번 느껴보고 싶어. 제주에서 봄까지 살아볼까?

그러자 그녀와 그녀의 남자친구는 내게 이렇게 말했다.

B : 슬기야. 무슨 소리 하는 거야. 내가 보기에 너 제주에서 사계절 다 지내고 갈 것 같은데?!

H : 아니, 둘 다 무슨 소리 하는 거야! 내가 보기에는 슬기 최소 4년이야.

농담 같던 이 말은 현실이 됐다. 1개월, 1개월씩 연장되던 1개월 제주 시한부 인생은 결국 1년으로 늘어났다. 봄까지 살아볼까 고민하다가 그러려면 또 단기 숙소를 구해야 했다. 다시 1개월씩 호텔을 옮겨가며 살고 싶지 않았다. 매달 말, '더 있을까 말까' 고민하는 것도 지쳤다. 이제는 안정적으로 생활을 할 수 있는 내 공간을 가지고 싶었다.

3주 동안은 지낼 방을 알아보느라 정신이 없었다. 주변 부동산 중개사분들한테 꾸준히 연락드리고, 시간 나는 대로 부동산 앱을 뒤지고, 위치가 멀더라도 일단은 방이 있다고 하면 다 보러 다녔다. 그 결과, 마음에 드는 방을 찾아서 계약을 마쳤다. 그리고 동사무소에 가서 전입신고까지 완벽하게 끝냈다. 이제 나는 빼도 박도 못하는 법적 제주도민이 된 것이다.

이제 진짜 시작이다. 이미 제주에서 4개월 가까이 살았지만, 난 아직 제주의 사계절을 살아보지 못했다. 물론 쉽지 않을 것이다. 왕초보 프리랜서 작가가 글로만 먹고 살아보자는 다짐을 1년이나 지키는 일은 짧은 시간에 해결되기 힘든 것이다. 그것도 타지에서 월세와 생활비를 모두 글로 돈을 벌며 살아간다는 것은 어쩌면 무모를 넘어선 도전일 수 있다.

사실 제주도에 1년 더 있을까 말까 고민할 때 다이어리 한 면을 빼곡히 채웠었다. 제주살이의 장단점에 대해 생각나는 대로 마구 썼었다. 장단점은 명확했다.

하지만 그때 장점 중 하나가 수많은 단점을 다 지워낼 수 있었다.

 나는 제주에 있을 때 '살아있음'을 느낀다. 단순히 설레고, 들뜨는 감정이 아니다. '이 타지에서 내가 글로 먹고 살 수 있을까? 여기서 살아남기 위해 무엇을 할 수 있을까?' 막막하기도 하고 가슴이 답답하기도 하다. 그런데 내가 좋아하는 이곳에서 살기 위해 난 끊임없이 움직이고 있다. 결과가 어찌 됐든 글과 관련된 도전을 하고, 또 하고 있다.

 본가에서 제주도로 떠날 때, 누군가 무언가가 제주를 떠나지 말라고 붙잡는다면 난 속절없이 붙잡히고 싶다고 말했었다. 그 바람처럼 나는 이렇게 1년이나 더 붙잡혔다. 나를 떠나지 말라고 붙잡은 것이 무엇이냐고 물어본다면 정확하게 딱 하나만 골라 말하지는 못하겠다.

 아침에 눈 뜨면 창밖에서 나를 기다리고 있는 서귀포의 푸른 바다가 아직도 좋고, 하루 종일 글과 싸우고 지친 몸과 마음으로 집으로 들어가는 길에 나를 마중 나오는 주황빛 제주 노을이 여전히 감동적이다. 길가를 물들이는 노란색 유채꽃도, 이름도 모를 나무에 피어오르는 꽃봉오리들도, 다 나를 붙잡는 것 같다. 조금만 더 여기에 있다 가라고.

그날의 제주 이방인에게

원래 그런 말 있지 않나. '꿈을 가진 사람은 불행하다'는 말.
맞다. 글이라는 꿈을 가져서 무척 힘들다.
하지만 이 꿈을 잃으면 지금보다 훨씬 더 불행할 나를 안다.

이대로 제주를 떠난다면 난 더 아플 것이다.
제주에 사는 것도 오래된 나의 꿈이었기에, 이 꿈도 이루고 싶은 가 보다.
그러고 보니 이 꿈 때문에 나는 제주에 속절없이 붙잡혔나 보다.

제주도 남자

점점 제주도 생활이 길어지자 친한 친구는 내게 말했다.

"너 그러다가 제주도 남자 만나서 영영 안 오는 거 아냐?"

그러면서 친구는 아는 언니가 3박 4일 제주도 여행을 혼자 갔다가 제주도 남자를 만나 제주에서 결혼하게 됐다고 말했다. 친구에게 나는 그런 일은 내게 일어날 가능성이 없는 이야기라며 콧방귀를 꼈다. 연애를 하기 싫은 건 아니지만 현실적으로 연애할 처지가 아니기 때문이다. 글로 돈을 벌어 월세, 생활비 내기도 버거운 초보 프리랜서 작가에게 연애는 사치였다.

살다 보면 꼭 그러지 않나. 어떤 것을 절실히 갈망해

서 기다릴 땐 나타나지 않더니, 돌아볼 여력도 없을 때 꼭 눈앞에 떡하니 나타난다. 통장은 텅 비어 있었지만, 아직 내 몸에 연애 잉크는 말라 없어지지 않았었나 보다. 예상하지 못했을 때 불쑥 나타난 한 사람은 내 마음을 핑크빛 잉크로 물들였다.

이성 세포는 사이렌을 울리며 "지금 연애할 때는 아니야! 네 삶 하나 책임지기 벅찬데. 연애는 다음에 하자."고 말했다. 하지만 내가 언제 마음을 이겨본 적이 있던가. 내 마음은 이미 한여름에 가방 깊은 곳에 찐득찐득 녹아있는 새콤달콤이 되어 있었다. 지난 N년 동안 그 누구도 녹이지 못했던 플라스틱 같던 내 마음이었다. 그런데 이미 내 마음은 녹아버렸다.

그는 가족 대대로 제주도에서 나고 자란 진짜 제주 토박이였다. 그 덕분에 나는 관광객이라면 모를 제주를 알아가며 진정한 제주를 즐겼다. 그가 데려간 제주는 내가 알던 제주보다 더욱 아름다웠다. 휴일마다 그와 함께 깊숙한 제주 곳곳을 다닐 때면 친구가 한 말이 떠올랐다. '이러다 나 정말 제주에 눌러앉는 거 아니야?'

제주 토박이인 그 사람은 내게 말했다. 그는 육지 사람에 대해 일종의 환상 같은 것이 있다고 했다. 그리고 제주도 사람이라면 전혀 좋아하지 않을 곳인데 나는 어디를 데려가든 다 너무 좋아해 주니 자신이 기분이 더 좋다고 했다. 그는 우리가 살아온 삶의 배경과 경험이 달라서 나랑 보내는 시간이, 나누는 대화가 참 재미있다고 했다.

 문제가 있었다. 그는 육지 사람인 내가 좋으면서도 한편으로는 불안해했다. 그는 내 이야기가 아닌 다른 주제로 대화를 나눌 때도 이 말을 자주 했었다. "육지 사람은 언제 떠날지 모르잖아요." 그는 자신이 주변에서 들은 이야기라며, 육지 사람들은 제주도에 올 때는 꼭 평생 있을 것처럼 말하고 어느 날 휙 사라진다고 했다.

 그리고 그는 지난 나의 방랑 스토리를 듣고 속으로 확정 지은 듯했다. '이 사람은 언젠가 제주도를 떠나겠구나.' 그는 함께 하는 동안 내게 자주 물었다. "제주도가 도대체 뭐가 좋아요?", "한달살이하러 왔다가 왜 이렇게 계속 사는 거예요?" 그는 젊은 제주 사람들은 육지로 떠나고 싶어 하는데, 육지에서 제주로 이주해서 사는 사람들이 이해가 안 간다고 했다.

제주의 봄날 찾아온 인연은 정말 제주의 봄과 닮았다. 화사했고, 예뻤다. 그리고 빠르게 사라졌다. 내가 언제 떠날지 모른다는 불안감을 안고 있는 그에게 나는 굳건한 믿음을 주지 못했다. 내 마음 상태가 그랬다. "저 여기서 평생 살고 싶어요."의 마음 상태는 아니었다. 내가 할 수 있는 최선의 말은 "일단은 조금씩 조금씩 더 살아보고 싶어요."였다.

지나고 나서 보면 그에게는 이 답만큼 불안한 답도 없었을 것이다. 그런데 이게 진짜 제주에 대한 내 마음이었고, 또 그에 대한 내 마음이었다. 조금씩 조금씩 더 살아보고, 알아가고 싶었다. 난 한눈에 반해서 '평생'이라는 말을 뱉을 수 있는 사람이 아니다. 난 바다에 풍덩 빠지는 사람이 아니라 얕은 바닷가부터 천천히 옷을 적셔가며 바다로 서서히 들어가는 사람이다.

그가 어떤 말을 듣고 싶어 했는지 알고 있었지만 난 그 말을 할 수 없었다. 그건 나와 그를 속이는 일이니까. 만약 내가 그 말을 했다면 그 사람과 더 오랫동안 핑크빛 제주를 만끽할 수 있었는지도 모른다. 그런데 남은 속일 수 있을지라도 내 마음은 속일 수 없다. 분명 언제고 내 마음의 목소리가 그의 마음에도 들렸을 것이다.

그와 마지막을 이야기하던 날, 그 사람은 내게 눈물을 보이며 말했다.
"제가 보기에 슬기 씨는 글도 잘 쓰고, 재능도 많은데 제주도에 있기 아까워요. 왠지 슬기 씨는 제주도를 떠날 것 같아요. 슬기 씨가 더 많이 좋아졌는데, 그때 버림받을까 봐. 만나는 내내 난 늘 두려웠어요. 그래서 지금도 잡고 싶은데 잡지 못해요. 슬기 씨가 잘 되길 진심으로 응원해요. 꼭 작가로 성공해요."

그런 사람이 있다. 떠나는 뒷모습이 너무 쉽게 그려지는 사람. 그에게 내가 그랬나 보다. 그 마음을 너무 잘 알아서 마지막 순간에도 나를 잡지 못하는 그를 이해할 수 있었다. 나도 그를 제주의 봄과 같이 보내주기로 했다. 짧아야 더 아름다운 인연도 있으니까. 아니 짧았기에 이 인연은, 그 사람과의 시절은 아름답게 기억될 것이다. 처음 살아본 핑크빛 제주의 봄날처럼.

제주, 그리고 외로움

 가끔 걸려 오는 친구들의 전화를 받을 때, 내 목소리를 들은 친구들은 이런 질문을 한다.
 "너 자고 있었어? 목소리가 잔 목소리인데..?"

 그때마다 나는 같은 답을 한다.
 "아니. 나 하루 종일 말을 안 해서 목소리가 잠긴 거야..."

 요즘 내가 실제로 만나서 대화를 나누는 사람은 하루 평균 0~1명이다. 현재 하고 있는 일도 모두 온라인으로 소통하고 있고, 제주에서 친구는 B밖에 없다. B는 일주일에 1번 볼까 말까여서, 매일 목소리를 써서 말하는 순간은 카페에서 커피 주문할 때가 유일하다. 이러니 갑자기 전화가 오면 목소리가 잠겨있을 수밖에.

이런 나의 일상을 잘 알고 있는 가족들과 가까운 친구들은 걱정하며 물어본다.
"거기에서 혼자 지내는 거 너무 외롭지 않아? 거의 매일 혼자 있잖아. 밥도 혼자 먹고, 일도 혼자 하고 혼자 너무 오래 있으면 처질 텐데. 조금 이따가 본가에 올라오는 게 낫지 않아?"

이 질문을 들을 때마다 내가 하는 대답은 한결같다.
"맞아. 여기 혼자 있으니까 엄청 외롭고 심심해. 근데 난 이 생활이 나쁘지만은 않아."

처음 제주에 오고 1~3개월은 외로울 틈이 없었다. 그저 모든 게 다 새로웠다. 제주의 풍경, 제주 사투리, 제주만의 문화. 제주가 주는 생경함에 외로울 틈이 없었다. 또 친한 친구들이 나를 보러 제주도로 자주 왔고, 우연히 제주에서 알게 된 인연들도 있었다. 게다가 1일 1글 프로젝트까지 시작하면서 정신없이 바쁘기도 했다.

매일이 이벤트 같던 시간이 잠잠해지고, 정말 일상

이라 부를 수 있는 생활이 찾아왔을 때 슬슬 외로움은 고개를 내밀었다. 나는 사실 알고 있었다. 나란 사람은 외로움이 온몸에 가득 차 있는 사람이라는 것을. 20대 때는 외로움을 느끼는 것이 두려워서 나의 감각을 내가 아닌 다른 곳에 닿게 했다. 외로울 때마다 사람을 만났다.

 20대를 지나 30대까지, 타지에서 혼자 사는 시간이 길어지면서 나는 나의 외로움에 대해 새롭게 알게 된 사실이 있다. 내 외로움은 사람을 만난다고 녹아 없어져 버리지 않았다. 잠시 희미해졌을 뿐 사람이 사라지면 외로움은 다시 제 자리였다. 오히려 역효과가 났다. 누군가 옆에 있다가 사라지면 내 안에 외로움은 더욱 뾰족해졌고, 무거워졌다.

 내 외로움의 특성을 이해한 후로 난 외로울 때 사람을 곁에 두지 않는다. 우연히 알게 되는 사람을 일부러 내치지는 않지만 새로운 사람을 찾아 나서지 않는다. 그래서 외롭다는 이유로 본가로 돌아가거나 다른 곳으로 떠나지 않는 것이다. 난 어디를 가도 외로울 사람이라는 걸 알고 있기 때문에.

 며칠 전이었다. 그날도 어김없이 혼자 밥을 먹고, 혼자 일을 하고, 혼자 운동을 했다. 늦은 밤, 집으로 돌아가는 길이었다. 도로 위에는 빠른 속도로 달리는 몇 대의 자동차만이 내 눈에 들어왔다. 인도 위를 걷고 있는 사람은 한 명도 없었다. 문득 외로워졌다. 그런데 이 외로움이 너무도 쉽게 이해가 갔다. 그러고 나니 이 외로움은 그리 뾰족하지도, 무겁지도 않았다.

 생각해 보면 내가 외로워서 발버둥 쳤을 때는 그 외로움이 이해가 가지 않았을 때였다. 그때 대부분 내 옆에 사람이 있었다. 가족, 연인, 친구와 같이 사람이 있음에도 외로움이 찾아올 때 난 그 외로움을 쉽게 받아들이지 못했다. '남자 친구가 있는데 왜 외롭지?', '가족이 곁에 있는데 왜 외롭지?'처럼 외로움 뒤에 물음표가 붙을 때 내 외로움은 더욱 커져갔다.

 그래서 지금 내가 겪는 제주에서의 외로움이 나쁘지만은 않다. 외로움이란 감정은 내 삶에 적당한 결핍을 느끼게 해 줘서 오히려 건강한 움직임을 일으키기도 한다. 나는 외롭기 때문에 누군가와 어떤 때를 그리워할 수도 있고, 그때를 떠올리며 글을 쓸 수 있다. 난 외롭기 때문에 낯섦을 만날 용기가 생기고, 외롭기 때문에 난 더 나와 친해져 간다.

 물론 나도 외로움 앞에서만큼은 항상 자신만만할 수 없다. 몇 달 후에 나는 커다란 외로움에 짓눌려 버릴 수도 있다. 하지만 중요한 건 지금 이 외로움은 내가 선택한 외로움이라는 것이다. 제주에서 글을 쓰며 살아보자고 결심했다는 것은 그에 따른 외로움 또한 책임지겠다는 뜻이기도 하다. 난 내가 선택한 꿈에, 제주라는 삶에, 이 외로움에 책임을 다하고 싶다.

가장 기다렸던 사람에게
가장 듣고 싶었던 말

"나 엄마랑 어제 대판 싸웠어."

어렸을 때 나는 이 말을 하는 친구들을 은근히 부러워했었다. 엄마랑 싸우는 것을 왜 부러워하는지 이해가 안 갈 것이다. 당연히 엄마와의 다툼, 그 자체는 부럽지 않다. 나는 엄마와 대판 싸울 수 있는 정도로 친밀감 있는 관계가 부러웠다.

30년 넘는 인생을 살면서 한 번도 엄마랑 싸우지 않았다고 하면 믿을까? 그런데 내가 그렇다. 굳이 따지면 성인이 되고 나서 몇 번의 가벼운 말다툼 정도는 있었다. 엄마는 직설적이고 강하게 말하는 스타일이고, 나는 돌리고 돌려서 말하는 스타일이다. 그러니 우리의 말다툼은 엄마의 공격, 그에 따른 나의 수비

정도가 되겠다.

어렸을 때부터 나는 엄마한테 내 생각에 대해 말하지 않았다. 말이 길어지면 분명 나 혼자 상처받고 그 대화가 끝날 것 같았기 때문이다. 그래서 얼마 전까지도 엄마는 내가 어떤 꿈을 꾸고 있고, 매일 무슨 일을 하는지 전혀 모르고 계셨다. 그도 당연한 것이 내가 말하지 않았고, 엄마는 물어보지 않았다.

이건 우리 가족에게는 특별한 일은 아니다. 대학교 입시 때부터 회사 입사, 퇴사, 세계여행, 호주 워홀 등 줄곧 이어진 20대 때의 크고 작은 선택들 모두 혼자 결정을 내리고 나서 부모님께 이야기했다. 어렸을 때부터 스스로 생각하고 결정하라는 자립심을 강조하신 부모님이었기에 대부분 나의 선택을 지지해 주셨고 믿어주셨다.

엄마가 현재 내가 어떤 일을 하고 있는지 알게 된 건 얼마 되지 않았다. 제주도에 내려온 후, 1년 동안 지낼 방을 구하고 나서부터였다. 엄마, 아빠는 딸내미가 갑자기 제주에 1년을 더 산다고 하니 어떻게 지내는지 궁금하다며 잠시 내려오셨었다. 그때 부모님께 현재 내가 무슨 일을 하고 있는지에 대해 짤막하게 말했었다.

그 후, 엄마는 내게 부쩍 전화를 자주 했다. 뭐 필요한 것이 없냐면서 보내줄 수 있으면 보내주겠다고 언제든 말하라고 했다. 솔직히 처음에는 어색했다. 1년 7개월 동안 외국에 있을 때도 엄마랑 전화하면 최대 3분이었기 때문이다. 그래도 이 어색함도 반복이 되니 자연스러워졌고, 제주에 멀리 떨어져 살면서 오히려 엄마와 나는 조금씩 가까워졌다.

어제도 어김없이 카페에서 글 작업을 하고 있는데 엄마에게 전화가 왔다. 전화를 받을 겸 바깥 공기를 쐬고 싶어서 카페 야외 테라스 자리에 앉았다. 엄마는 여느 때와 똑같이 '오늘은 밥을 뭘 해서 먹었는지, 제주도 날씨는 많이 덥지 않은지' 일상적인 질문을 하셨다. 그렇게 대화가 끝나갈 때쯤 엄마는 갑자기 내 이름을 차분하게 불렀다.(이럴 때 가장 무섭다.)

"슬기야. 엄마가 너한테 물어볼 게 있는데.. 지금 너 글 쓰는 거 너무 힘들지 않아? 엄마 생각인데 너무 힘들면 아예 다른 걸 해보는 건 어때? 네가 공부하고 싶은 거나 다른 분야 관심 있는 건 없어? 내가 보기엔 너는 공부 다시 해도 잘할 것 같은데..."

갑작스럽게 엄마가 꺼낸 묵직한 대화 주제에 나는 일단 말을 아꼈다.
"글쎄... 아직 다른 걸 해봐야겠다는 건 생각해 본 적이 없어서 잘 모르겠어. 근데 갑자기 왜?"

엄마는 대화를 이어 나갔다.

"다른 것보다도 네가 글 쓰면서 생활하는 게 너무 힘들어 보여서. 오빠한테 들으니까 요즘에는 업체에 필요한 마케팅 글도 쓴다며. 그런데 네 글도 따로 써야 하고. 지금 네가 경제적으로 안정적인 것도 아니고 엄마가 보니까 너무 힘든 일 같아 보여서 한번 생각을 전환해 보는 건 어떤가 해서 물어보는 거야."

엄마가 이야기하는 내내 너무 다 맞는 말이라서 진심을 꾹꾹 눌러서 "맞아. 맞아." 추임새를 넣었다. 그리고 나는 엄마에게 '내 이야기'를 했다. 글을 꿈으로 삼고 쓰게 된 계기부터 글을 쓰며 얻은 성과들, 현재 하고 있는 글쓰기 활동, 앞으로 어떤 계획을 가지고 있는지까지 모두 다 생략도, 과장도 없이 담백하게 전했다.

내 이야기가 끝나자 엄마는 딱 한 마디를 하셨다.

"이런 얘기 너한테 처음 듣네."

맞다. 내 입으로, 내 목소리로, 이렇게 나의 이야기를 해본 적은 처음이었다. 꼭 글 쓰는 삶에 대한 이야기만이 아니라 지금까지 살면서 내가 속마음을 엄마한테 말한 건 처음이었다.

엄마는 이어서 말씀하셨다.

"들어보니까 내가 너한테 이런 말을 하면 안 되네.

너는 지금 네가 하는 일을 해야겠다. 지금 이 시점에서 관두면 후회가 너무 크겠어. 나는 네가 너무 지치고, 힘든 줄 알았어. 그런데 힘들어도 네가 나름 그 일을 통해 보람을 느끼고 있으면 된 거야. 그런 일은 네가 하고 싶을 때까지는 해봐야지. 그래. 사람이 하고 싶은 일이 있으면 해 봐야지. 해봐. 슬기야."

 엄마 목소리로 듣는 응원은 처음이었다. 속으로는 항상 나를 믿어주고, 지지해 줬던 것을 다 알고 있었다. 겉으로 표현을 강하게 하더라도 늘 나에게 져줬던 엄마였으니까. 속는 걸 알면서도 늘 속아주던 엄마였으니까. 그런데 이번에는 처음으로 내가 내 이야기를 목소리로 전했고, 처음으로 엄마도 엄마의 마음을 목소리로 전했다.

 나는 주변 사람들에게 시니컬한 척을 하며 "난 엄마, 아빠 응원 없이 잘할 수 있어"라고 말하고 다녔다. 하지만 나도 엄마의 딸로서, 그 누구의 응원보다도 엄마의 진심 어린 응원을 기다렸던 것 같다. 엄마가 마지막에 내게 해 준 "해봐. 슬기야."라는 그 말을 듣자마자 가슴 먹먹함을 느끼기 전에 두 눈에 눈물이 가득 찬 걸 보니.

 엄마와 전화를 끊고 다시 작업하던 테이블에 돌아와 앉았다.
 왠지 모르게 마음속이 든든했다.
 30분 전이나 지금이나 변한 건 하나도 없지만 괜스레 자신감이 차올랐다.

 왠지 나는 잘할 수 있을 것 같았다.
 왠지 나는 지금부터는 더 잘 풀릴 것 같았다.

 제주라는 곳에서의 외로운 이방인 생활도,
 글 쓰며 살아가는 넉넉하지 않은 삶도 모두 다 괜찮다고 느껴졌다.
 이 정도면 훌륭한 삶이라고, 이 정도면 정말 잘해오고 있다고 나에게 말해주고 싶었다.

 마지막으로, 조금 전에 엄마에게 들은 그 말을 스스로에게 다시 한번 해줬다.

"그런데 힘들어도 네가 나름 그 일을 통해 보람을 느끼고 있으면 된 거야.

그런 일은 네가 하고 싶을 때까지는 해봐야지. 그래. 사람이 하고 싶은 일이 있으면 해 봐야지. 해봐. 슬기야."

이만하면 됐다

어쩌다 보니 제주에서 맞이하는 두 번째 새해이다. 꼬박 2년을 산 건 아니지만 제주도에서 떡국을 두 번이나 먹었다. 이제는 제주 사투리도 제법 알아듣고, 귤은 돈 주고 사 먹지 않는 1년 2개월 차의 제주도민이 됐다.

새해는 밝았는데, 난 밝지 못했다. 큰 고민 덩어리가 마음속에 뿌리내리기 시작했기 때문이다. 제주에 봄이 오는 4월이 되면 지금 살고 있는 이 집의 계약 기간도 1년을 꽉 채운다. 벌써 부동산 사무실에서는 문자 한 통이 왔다. 1년 더 계약하고 싶으면 몇 월 며칠까지는 말을 해줘야 한다고. 난 이 방에 더 있을지 고민이 된다기보다 제주에 더 있을지 고민이 됐다.

고민 상담을 위해 제주살이를 2년 넘게 하고 있는 친구들을 만났다. 친구들은 내 이야기에 귀 기울여 주고 각자의 답을 내놓았다. 한 친구는 내가 너무 서귀포에만 오래 살았다며 제주의 다른 지역으로 옮겨보는 것을 제안했다. 또 다른 친구는 지금 내 상황에서는 육지를 잠깐이라도 갔다가 다시 제주로 내려오는 게 좋을 것 같다고 했다.

그리고는 친구들은 내게 물었다.
"방 계약 끝나면서 이번에 제주도를 완전히 떠나면 넌 어떨 것 같아? 아쉽지 않을 것 같아?"

난 친구들의 질문에 쉽사리 답할 수 없었다. 제주를 바로 떠나도 크게 아쉽지 않을 것 같기도 했고, 막상 떠나자니 많이 아쉬울 것 같기도 했다. 그야말로 내 마음은 반, 반이었다.

한 주, 한 주 시간이 흐르면서 아주 미세하지만 내 마음은 한쪽으로 기울어지고 있었다. 난 제주를 떠나도 괜찮을 것 같았다. 이만하면 잘 살았다고 말하고 떠날 수 있을 것 같았다. 그리고 이렇게 아쉬운 마음과 떠나고 싶은 마음이 49 vs 51처럼 비등할 때, 떠나야 할 것만 같았다. 아니 이 마음으로 떠나고 싶었다.

지난 여행길 위에서 배운 것이 있다. 바로, 떠날 때 아쉬운 마음이 지난날의 그곳과 그곳에서의 나를 미화시킨다는 것을. 만약 지금 누군가 내게 "당신에게 제주도란?"이라고 물어본다면, 난 이렇게 답할 것이다. 제주는 내게 "글이라는 꿈을 지키기 위해 외롭고 처절하게 하루하루를 살아낸 곳"이라고.

그래서 난 아쉬운 마음이 있을 때 이곳을 떠나고 싶다. 지금 남은 아쉬움 마저 이곳에 탈탈 다 쏟아붓고 나면 난 아마 제주를 영영 돌아보지 않을지도 모른다. 이곳에서 누린 낭만과 아름다움은 까마득히 잊어버리고, 혼자 글을 쓰고 돈을 벌기 위해 고군분투했던 내 모습만 기억할지도 모른다.

참 신기하다. 제주를 떠나자고 마음먹자 이곳이 아름답다. 2월부터 길가에 피어오르는 노란 유채꽃과 점점 에메랄드빛으로 변해가는 제주의 바다색이 눈에 들어온다. 내가 이곳에 '삶'이라는 이름을 붙이고 살면서 인식하지 못했던 것들이 이제야 느껴진다. 눈, 코, 입, 귀, 피부. 이 오감들이 떠날 때가 되니 제주를 다시 느끼고 있다.

언제나 그랬다. 떠날 때가 돼야 내 두 발을 딛고 있는 이 길이 아쉬웠다. 그동안 내 것이라고 생각했던 이 길이, 보잘것없던 이 길이 내 것이 아님을 체감해야 아름답다. 이 길 위에서 내가 당연히 누리던 모든 것들이 그제야 보인다. 이건 어떤 장소, 사람, 일 모든 것에 해당한다. 떠날 때가 되어야 아름답다. 이별이 눈앞에 보여야 애틋하다.

난 이별 전에 모든 것들이 다 아름다워지는 이 순간을 좋아한다. 떠나는 것은 슬플지라도 내가 이곳을 많이 사랑했음을, 이곳에 나를 많이 사랑했음을 깨닫는 순간이다. 그러면 됐다. 지나온 나의 발걸음과 머문 시간을 후회하지 않으면 됐다. 그러면 충분하다.

다시 내게 "당신에게 제주도란?" 이 질문을 던진다면 난 답한다.
"이만하면 됐다."

나의 제주 시절

2022년 4월 23일 토요일 오전 9시.

 제주공항으로 향하는 길에 올려다본 하늘은 유난히도 흐렸다. 당장이라도 비가 마구 쏟아질 것 같지도, 그렇다고 항공기 결항을 걱정해야 할 정도의 강풍이 불지도 않았다. 어제와 비슷하게 20도를 웃도는 미지근한 온도와 바닷물을 머금은 촉촉한 공기가 내 이마에 그대로 닿았다. 짙은 회색빛의 우중충한 제주 하늘은 꼭 날 보내는 누군가 마음의 색 같았다.

 제주 하늘은 내게 이렇게 말해주는 것 같았다.
 "나도 네가 떠나는 게 너무 마음 아파. 그렇지만 이번에는 널 붙잡지 않을 거야. 울지도 않을 거야. 이렇게 슬픈 마음 그대로 너를 잘 보내주고 싶어. 잘 가.

그동안 수고했어."

 오늘은 1년 5개월 동안의 제주살이를 마치고 육지로 떠나는 날이었다.

*

 제주살이가 정말 끝났다. 나의 제주살이를 돌아보면 처음과 끝에 모두 이 한 글자가 있다. 바로 '글'이다. 한 달 동안 매일 글을 써보자는 목표를 가지고 제주에 왔고, '글로 돈을 벌어 먹고 살아보자'는 꿈을 가지고 제주에서 살았다. 솔직히 말하면 1년 5개월 동안 나는 '글'이라는 내 꿈을 원망하기도 했고, 내 굳은 다짐으로부터 도망가고 싶기도 했다.

 그래서 그 다짐을 결국 지킨 것이냐고 물어보신다면, 결과적으로는 지켜냈다. 글쓰기로 어떻게든 먹고는 살았다. 유튜브에 나오는 성공한 프리랜서들처럼 '월 50 벌다가 월 1000 벌어요!'이런 말은 못 한다. 현실적으로 말하자면 월세 내고, 최소한의 생활비를 벌기에도 급급했다. 매달 카드값 빠져나가는 날이 가까워지면 극심한 불면증과 위통에 시달려야 했다.

 가까운 친구들은 이런 나를 보고 물어봤다. 다른 일을 하면서 글쓰기를 병행할 수 있지 않냐고. 사실은 친구들이 그 말을 하기 전부터 매일같이 구직 사이트에 출근 도장을 찍고 있었다. 근무 조건이 나랑 맞는 곳을 보면 연락해볼까 고민하다가도, 결국 나는 매번 고개를 절레절레 흔들었다.

 그때마다 나는 스스로에게 질문을 했다. '지금 네가 할 수 있는 것을 다 시도해 보고 다른 일을 해보려고 하는 거니?' 돌아오는 답은 "아니"였다. 내가 20대를 돌아보며 뼈저리게 후회하고 배웠던 것이 하나 있다면 바로 이것이다. 내가 진정하고 싶은 일이 있다면, 현재 나의 상황 속에서 내가 할 수 있는 것을 모두 시도해 본 후에 다른 방향으로 생각해 보자는 것.

 시간이 흐르고 나서 가장 후회되는 것은 '어떤 목표를 이루지 못한 결과'가 아니라, '충분히 더 시도할 수 있었음에도 시도하지 않았던 내 모습'이었기 때문이다. 이제 내 나이 30대 초반, 20대와 변하지 않은 내 모습을 제주에서는 마주하기 싫었다. 그래서 남들이 보기에는 이해가 가지 않을 정도로 고집을 부려가며 내 다짐을 지키려 애썼다.

신기한 건 바라보는 방향을 자꾸만 바꾸고 내가 할 수 있는 일들을 찾고, 시도하다 보니 하나둘씩 작은 성과들이 나오기 시작했다. 어느덧 나는 유료 구독 서비스를 연재하는 작가가, 프리랜서 사이트에서 마케팅 글쓰기 전문가가, 글쓰기를 가르치는 선생님이 되어있었다. 그렇게도 꿈꾸던 글로 돈을 버는 N잡러 프리랜서의 삶을 제주에서 이뤄냈다.

제주에 살면서 주변 사람들에게 가장 많이 들었던 말들이 떠오른다. 하나는 "제주도 살아보니까 어때? 엄청 좋지?", 그다음은 "제주에서 너 행복해 보이더라!"라는 말. 나는 그때마다 "응! 제주도 너무 좋아!", "맞아! 나 행복해!"라고 자신 있게 답하지 못했다.

모든 삶이 그러할 것이다. 지내는 장소 하나 바꾼다고 본질적으로 그 삶이 행복해지지는 않는다. 물론 처음에는 잠시 착각에 빠지기도 한다. 노력하지 않아도 새로운 곳의 매력을 내 모든 감각들이 알아차리니까. 그러나 시간이 흐르고 익숙함이 일상을 지배하면 내가 느꼈던 매력은 온데간데없어진다. 이제 남은 일은 그곳이라서 느끼는 지루함, 지겨움을 찾는 일이다.

 내게 제주도가 그랬다. 처음에는 '제주도라서 좋은 점'만 눈에 보였고, 그것들이 온몸으로 느껴졌다. 하지만 점점 시간이 갈수록 나는 '제주도라서 불편한 점'을 찾고 있었다. 프리랜서로서 어떤 일을 시도하려고 할 때 잘 풀리지 않으면 제주도라는 장소를 탓했다. 어떤 날은 내가 좋아서 살기로 한 이곳 제주를 미워하기도 했다.

 "제주도 살아보니까 어때? 엄청 좋지?"라는 질문에 이제는 답할 수 있다. 나의 제주 일상은 그리 행복하지는 않았다. 제주라서 좌절했고, 아팠고, 무척이나 외로웠다. 하지만 나는 중간에 제주를 떠나지 않았다.

아니, 떠나지 못했다. 그것 또한 제주이기에, 제주라서 이곳을 떠나지 못했다. 그만큼, 그 이상으로 나는 제주를 좋아했고 사랑했다.

 제주에서 보낸 하루하루가 행복했다고는 말할 수 없지만, 1년 5개월 동안 제주에서 보냈던 나의 그 시절은 행복했다고 말하고 싶다. 매일 웃고, 매일 마음이 편안해야 그게 행복은 아니니까. 많이 아프고, 외로웠을지라도 제주에서 살았던 나는 '나로서 살아가는 시간'이었다. 나는 이렇게 말하고 싶다. 나의 제주 시절은 그저 나다웠다고, 충분히 아름다웠다고.

제5장
머물지 못하는 정착자

그리움 공식

　세계여행을 하고 돌아왔을 때도, 타지 어느 한곳에 머물러 살다가 돌아왔을 때도 똑같았다. 그 기간이 얼마가 됐든지 집으로 돌아오면 낯선 곳에서 마주했던 모든 장면들이 꼭 꿈처럼 느껴진다. 일단 그곳을 떠나고 나면 그때의 나는 흐릿하다. 지금 내 눈에 보이고, 내 손으로 만질 수 있는 것들이 가장 선명하고 생생할 뿐이다. 지금 내가 그렇다.

　우리 집이 내게 주는 안락함과 평온함은 세계 어디에서도 찾을 수 없는 고유한 것이다. 하지만 이 고유함은 내 몸속, 머릿속 깊은 곳에 하나의 DNA로 자리 잡고 있어서 며칠만 지나도 고유함이 주는 특별함과 소중함을 느끼지 못한다. 이건 20살부터 지금까지 10년 넘게 타지 생활을 해오며 느낀 일종의 공식 같은 감정이다. 이번에도 이 공식은 예외 없이 날 찾아왔다.

 아직 집에 돌아온 지 일주일도 채 되지 않았지만 이상하리만큼 모든 것들이 익숙하다. 심지어 이 글을 쓰고 있는 카페는 내가 제주도에 살 때 새로 생긴 곳이라서 처음 와 보는데도, 제주도에서 매일 가던 카페의 내 자리같이 편안하다.

 어젯밤이었다. 집에서 꽤 멀리 떨어진 카페에서 늦게까지 작업을 하고 집으로 걸어가던 길, 문득 불과 몇 주 전 똑같은 시간의 내가 떠올랐다. 한쪽 어깨에 노트북과 다이어리, 충전기를 넣은 아이보리 캔버스 백을 멘 모습은 똑같았다. 그렇지만 내 두 발이 딛고 있는 땅과 내 두 눈을 통해 보이는 장면과 내 피부에 닿는 온도, 습도는 완전히 달랐다.

 그 순간 '제주도 서귀포'라는 장소와 그 안에 내가 선명하게 보였다. 그리고 바로 그리워졌다. 제주를 떠나면서도 당장 '다시 돌아가고 싶다' 정도의 그리움은 아니었다. 그런데 제주에서 살 때도, 떠나는 준비를 할 때도, 떠난 후에도 변하지 않는 하나의 감정은 있다. '제주를 떠나면 나는 아주 길게 제주를 그리워할 것 같다'라는 것이다.

 지난 세계여행이 끝난 후에 나는 오랜 시간 동안 여행 후유증이라고 불리는 병을 앓았었다. 그 병은 생각보다 끈질겼고, 그 통증 또한 약하지 않았다. 어느 날은 감당할 수 없는 그리움에 좋았던 기억과 그 속에 사람들까지 남몰래 미워하기도 했었다가, 또 다른 어느 날은 그 순간으로 돌아갈 수 없음에 홀로 가슴 아파했었다.

 이렇게 미워하고 아파하는 마음을 다 쓰고 나서야 그리운 감정이 내게 있어 다행이고, 고맙다고 생각했다. 그리움을 느낀다는 건 그때의 나는 정말 진심으로 그 순간을 사랑했었다는 것이다. 여기서 '진심'이란 의식적으로 노력하지 않아도 자연스럽게, 아니 참으려고 해도 어쩔 수 없이 나오는 마음을 뜻한다.

그래서 이제는 어느 곳에 있든 누구와 있든 '이곳과 이 사람, 이 순간이 그리울 것 같다'라는 감정이 들 때면 '나는 지금 사랑하고 있구나'라고 느껴진다. 조금 변태같이 보일 수 있지만 나는 앞으로도 적극적으로 찾고 만들고 싶다. 훗날의 내가 아플지라도, 한동안은 그리워할 수밖에 없어서 그리워하는 곳과 사람, 그 순간을.

'어쩌면 나는 무언가를, 누군가를 그리워하기 위해 떠나는 것일지도 모르겠다.
지금 내 안에 있는 그리움은 온 마음을 다해 느끼고 다 써버리고 싶다.
그리고 나서 또 다른 그리움을 찾아 나서고 싶다.'

결국 제 자리
~~~~~~

 나는 고등학교를 졸업하자마자 집을 떠났다. 그 후로 재수를 하고, 대학교를 가고, 취직을 하고, 세계여행을 하고, 외국에서 살고, 제주에 살았다. 난 전생에 말이었던 걸까. 한곳에 붙어있지 못하고 한국과 해외를 끊임없이 떠돌아다녔다. 그렇게 20대를 온통 길 위에서 보내고 30대가 넘어서 돌아온 곳은 경기도 본가, 우리 집이다.

 20살부터 29살까지 내게 집은 잠시 들러 쉬어가는 곳이었다. 특히 나처럼 작은 도시에서 자란 사람들은 20살이 되면 학업을 위해, 직장을 위해 큰 도시로 떠난다. 주변 언니, 오빠 모두 고등학교를 졸업하면 고향을 떠났다. 그래서인지 어렸을 때부터 난 '집을 떠나야 원하는 것을 이룰 수 있다. 그러니까 곧 집은 떠나야 하는 곳'과 같은 명제가 무의식에 깔려있었다.

 어렸을 때 내 꿈은 다른 사람들과 그리 다르지 않았다. 나도 명문대에 가고 싶은 꿈도 있었고, 좋은 회사에 취직하고 싶은 꿈도 있었다. 그리고 동시에 조금 색다른 꿈도 가지고 있었다. 중고등학교 때부터 지리부도를 펴놓고 서울 지도와 세계 지도를 봤다. 난 그때부터 서울에 너무 살고 싶었고 세계 곳곳을 자유롭게 여행하며 외국에서 살아보고 싶었다.

 어쩌면 어렸을 때 꿈 중에 반은 이뤘다고 말할 수 있다. 서울에도 오래 살아봤고, 그렇게 꿈꾸던 세계여행도, 해외살이도 해봤다. 게다가 제주살이까지. 난 분명 하고 싶은 것을 다 해보고 집으로 돌아왔다. 그런데 전혀 금의환향한 것 같지 않다. 솔직히 말하면, 난 패잔병이 되어 상처 난 몸으로 집으로 겨우 돌아온 것 같다.

 제주살이를 마치고 바로 본가로 돌아오기 싫었다. 지금 내가 느끼고 있는 패잔병의 기분을 그때부터 미리 알고 있었기 때문이다. 긴 시간 동안 타지에서 살다가 본가로 돌아왔을 때마다 느낀 이상한 기분이다. 그런데 이번 제주살이를 마치고 돌아온 본가는 꼭 사업에 크게 실패한 사람같이 허무함과 상실감이 더욱 크게 찾아왔다.

 20대 때는 타지 생활을 정리하고 잠시 본가로 돌아올 때면 허무함 반, 편안함 반이었다. 뭔가 허무하긴 해도 본가에서 느끼는 편안함을 느낄 여유가 있었다. 그런데 지금은 다르다. 내 나이는 30대 중반을 향해 가고 있다. 제주에서(얼마 안 되지만) 전 재산을 탈탈 털었고, 에너지도 모두 다 쓰고 돌아왔다.

 자꾸만 주변 사람들의 이야기가 들렸다. 내가 제주도에서 지내던 1년 5개월 동안 내 친구들의 상황은 변해있었다. 한 친구는 평생의 짝을 만나 결혼을 했고, 다른 친구는 가게를 개업해서 1년 만에 웨이팅이 필수인 맛집 사장님이 되었고, 또 다른 친구는 아이를 낳았고 곧 새로운 집으로 이사를 간다고 했다.

나만 제 자리인 것 같았다. 내 친구들은 나이에 걸맞은 사회에 일원으로 자리 잡아가는 것 같은데, 나만 제 자리에 석고상처럼 굳어버린 것 같았다. 난 새로운 가정을 꾸리기는커녕 내 삶을 안정적으로 책임지지 못하고 있다. 불안한 수입으로 인해 한 달 단위로 삶을 이어가는 모습은 제주에서나 지금 본가에서나 다를 바 없다.

제주를 떠나기 전과 제주에서 돌아온 후 내가 지내는 곳이 그대로 집이듯, 난 변한 것이 없었다. 분명 전쟁터에 나가 하루도 빠지지 않고 성실히 적과 싸웠는데 결국 돌아온 건 패배였다. 내게 남은 것이라고는 앙상해진 몸뚱이 하나, 그 위를 대충 감싸고 있는 다 해진 옷가지뿐이었다.

무엇보다 부모님께 미안했다. 이번에는 작더라도 하나의 열매를 손에 들고 집으로 돌아오고 싶었다. 하지만 이번에도 내 손은 빈손이었다. 돌아보면 난 늘 그래왔다. 될 듯 될 듯, 잘 안됐다. 스포츠로 보면 만년 유망주 같은 선수였다. 그런데 이제는 유망주라는 표현도 양심에 찔려서 못 쓰겠다. 30대가 넘은 사람에게 유망주라는 표현은 어울리지 않지 않나.

지금 내 마음속에 살고 있는 패잔병의 모습을 부모님한테 들키고 싶지 않았다. 그래서 매일 카페와 도서관으로 나왔다. 다시 이곳에서의 일상을 만들어 나갔다. 달라진 건 없다. 내가 할 수 있는 일은 '글'이다. 다시 글을 쓰기 시작했다. 돈을 벌기 위한 마케팅 글부터 내 마음이 담긴 글까지. 깊은 생각하지 말고 다시 쓰기로 했다.

그러던 중 제주에서 썼던 글들을 모두 다 읽어봤다. 진심으로 나 스스로가 너무도 대견했다. 글의 내용을 떠나서 글 앞에서 가졌던 성실한 태도만큼은 인정할 수밖에 없었다. 9개월 동안 주 7일을 쉬지 않고 매일 새로운 에세이를 썼다. 그 이후에는 업체에서 의뢰받는 마케팅 글을 주로 썼지만 1년 넘도록 '글만 써보자'라는 목표는 완벽하게 지켜낸 나였다.

다른 친구들처럼 눈에 확 띄는 변화는 아닐지라도,

내 변화는 여기 있었다. 내가 쌓은 글이 변화이자, 결과였다. 그리고 눈에 보이는 변화도 있었다. 바로 '수입'이다. 그것도 글로 만든 수입. 제주를 떠나기 전에 내 수익은 '0원'이었고, 지금은 나 하나 굶기지 않을 정도로의 1인분 수익은 만들고 있다. 이렇게 보니 나도 제 자리에 그대로 있던 것은 아니었다.

본가로 돌아왔을 때 느꼈던 허무함과 상실감에 대해 곰곰이 다시 되돌아봤다. 20살 이후, 난 본가에 있는 내 방, 내 자리는 '떠나야 할 곳'이라고 생각했다. 이곳을 떠나 더 큰 곳에서 더 큰 꿈을 품고 살아야 한다고 생각했다. 딱히 이유는 없다. 그게 멋진 삶이라, 그게 좋은 삶이라 여겨왔다.

그런데 아니었다. 10년 동안 떠났다가 돌아오기를 반복하며 이제야 알았다. 집은, 집에 있는 내 자리는 이 세상에서 유일하게 나를 위해 존재하는 공간이라는 것을. 이 세상에는 내가 없어도 내 자리를 비워 주고, 기다려주는 곳이 그 어디에도 없다. 내가 언제든 돌아갈 수 있는 곳은 단 한 곳이다. 우리 집, 내 방, 내 자리.

 맞다. 그동안 내가 떠나고 싶을 때 마음대로 떠날 수 있던 이유는 변치 않고 나를 기다려주는 내 자리가 있었기 때문이다. 그러니까 지금 난 원래 내 자리로 돌아온 것뿐이다. 어쩌면 이것이 더 당연한 명제이다. 내 자리로 돌아온 나에게 패잔병이라는 의미를 부여할 필요는 없다. 그냥 내 자리에서, 자연스럽게 살아가면 된다. 내가 할 수 있는 것들을 하며.

정착이라는 도전

나도 나이를 먹긴 먹나 보다. '정착, 안정'과 같은 단어가 슬슬 눈에 들어온다. 그렇다고 결혼이 하고 싶다거나 한곳에 오래 머물고 싶다는 건 아니다. 난 그저 불안정한 생활에 지쳤다. 이 불안정한 생활의 가장 큰 원인은 불안정한 경제력이다. 이제는 나도 매달 예상 가능한 수익을 만들고, 그 안에서 계획이란 것을 하면서 일상을 살고 싶어졌다.

이런 내 마음을 알아주듯 글쓰기 클래스 수강생이 차근차근 늘어났다. 난 글로 하는 일 중에는 글을 가르치는 일이 가장 재미있고, 보람차다. 제주에 있을 때부터 '글쓰기 클래스만 하면서 수익을 만들고, 나머지 시간에는 내 글을 쓰고 싶다'는 소망이 있었는데 경기도 본가에 올라오면서 그 소망이 이뤄졌다.

일주일에 3~4번, 편도 1시간이 넘게 지하철을 타고 서울을 오가며 글쓰기 수업을 했다. 또 일주일에 1~2번은 온라인으로 글을 가르쳤다. 오랜만에 느껴보는 기분 좋은 바쁨이었다. 지금까지는 허상 속의 바쁨이었다. 사람과의 소통도, 일로부터 느끼는 보람도, 돌아오는 수익도 없었다.

처음이었다. 글을 업으로 삼고 나서 안정이라는 감정을 느낀 것은. 눈에 보이는 수익도 어느 정도 예상 가능했고, 눈에 보이지 않는 감정도 잔잔했다. 본가에서 살기 때문에 지출도 대폭 감소했다. 매달 내야 했던 월세가 나가지 않게 되자, 나도 드디어 저금이라는 것을 할 수 있게 됐다.

2017년에 퇴사한 이후, 안정적인 일상이 주는 달콤함을 잊고 있었다. 그동안 나는 내일을 그릴 수 없는 세계 여행자의 삶을 살았고, 매일이 롤러코스터였던 호주 워홀러의 삶을 살았고, 하루하루는 똑같았지만 그 불안함마저 하루하루 반복됐던 제주 이방인의 삶을 살았다. 누군가에게는 일상 속 안정감이 질리는 맛일지라도 내게는 그 어떤 맛보다 새로웠다.

 이번에는 한 번 나도 남들처럼 살아보고 싶었다. 다수가 다니지 않는 좁고 어두운 길을 골라서 혼자 외롭게 걷는 건 이제 그만하고 싶었다. 많은 사람들이 밤낮없이 다니는 넓고 밝은 길 위를 외롭지 않게 걷고 싶었다.

 나의 본가 살이 목표는 '정착'이다. 이전처럼 단순히 머무는 장소에 대한 정착이 아니다. 이번 정착의 대상은 '일'이다. 현재 내 삶에서 가장 불안한 것은 '일'이고, 그에 따라 경제적 상황도 불안하다. 도미노처럼 이 모든 것은 이어져서 내 일상 속 감정까지 불안하게 만든다. 이 불안함의 도미노를 멈추기 위해서 나는 정착이라는 도전을 택했다.

 거창하게 말했지만 앞으로 해야 하는 일은 별로 특별하지 않다. 지금처럼 본가에서 지내며 착실하게 글쓰기 수업을 할 것, 수업 이외에 시간에는 내 글을 성실히 써서 브런치, 블로그에 발행할 것, 책을 출판하기 위해 출판 준비를 할 것. 그리고 마지막으로 가장 중요한 것이 있다. 당분간은 어디론가 떠날 생각도 상상도 절대 하지 말 것.

길 잃은 역마살

제주에서 본가로 돌아온 후 세운 '정착 프로젝트'는 2년 가까이 순항했다. 본가에 살면서 열심히 글을 가르치고, 글을 썼다. 직장인에 비하면 들쑥날쑥한 업무 루틴이지만 나름의 업무 루틴도 생겼다. 큰돈은 아니어도 일정한 수준의 수입이 생기니 불안정한 마음도 한결 차분해졌다. 언뜻 보기에 이번 정착 프로젝트는 성공인 듯했다.

사람마다 삶이 변화하는 주기가 있다고 하는데, 나는 그 주기가 2~3년인 것 같다. 맞다. 더 이상 말을 꾸며서 하기에는 나도 양심이라는 것이 있다. 솔직하게 말하면 이 주기는 내 안에 역마살 본능이 살아나는 주기이다. 2년이 지난 걸 어찌 알아차렸는지 온몸에는 역마살 DNA가 돌아나고 있었다.

예전에는 이렇게 역마살 본능이 날 찾아오면 비행기표부터 검색했다. 하지만 이제 나도 두려운 것이 생겼다. 내가 가장 두려운 건 지금까지 쌓은 내 커리어를 잃는 것이다. 1~2주 정도 너무 길지 않게 여행을 다녀온다면 일에 큰 타격은 없을 것 같지만 그보다는 길게 여행하고 싶다. 적어도 1달, 2달 정도는 돌아갈 날을 떠올리지 않고 길 위를 방랑하고 싶다.

떠나기에 두려운 것이 하나 더 있다. 떠났다가 다시 돌아와서 느껴야 하는 허무함이다. 지금까지 떠나고 돌아오고를 반복하며 가장 깊숙이 학습된 것이 바로 이 허무함이다. 떠남을 생각할 때 떠오르는 가장 강렬한 감정은 떠날 때의 설렘, 떠나서의 생경함이 아니다. 모든 여정을 마치고 나서 돌아온 후의 허무함이 벌써부터 걱정된다.

애매하게 모은 자금도 선뜻 떠나지 못하는 데 한몫한다. 내가 여행하던 시절과는 비교할 수 없을 정도로 급격하게 오른 물가 때문에 여행을 가려면 지금 모은 돈을 다 써야 가능할 것 같다. 글로 돈을 벌며 처음으로 한 저금이어서 그런 걸까. 이 돈을 지금 다 쓰고 돌아오면 허무함은 몇 제곱으로 내게 돌아올 것 같다.

예전같이 '에이 몰라. 일단 떠나. 미래의 내가 알아서 잘할 거야'와 같은 무한 낙천적 마인드를 갖기에는 나도 삶을 알아버렸다. 분명 내 마음은 떠남을 갈망하고 있는데, 머리로는 떠나지 말아야 할 이유를 찾고 있다. 결국은 마음을 이기지 못할 거라고 여기고 일찌감치 마음에게 백기를 먼저 들었던 과거의 나는 어딘가로 사라졌다.

오히려 난 이제 마음이 가장 두려워하는 '허무함'을 이용해 공격하고 있었다. "지금 떠나면 후회할걸. 돌아와서 얼마나 허무해지려고 그래. 떠날 거면 일에 있어서 결과물을 더 만들고 나서 떠나자. 지금은 아니야."

참다못한 역마살 DNA는 무슨 말이냐며 당장 비행기 티켓을 사라고 말했지만, 그 힘은 세지 않았다. 이렇게 하루하루 내 안에서는 전쟁이 일어났다. 그러면서 하루하루 떠남과 멀어졌다. 내 역마살은 힘을 잃었고, 갈 곳도 잃어갔다.

끝을 아는 영화, 끝이 보이는 사랑

'끼리끼리는 과학이다'라는 말이 있다. 나도 이 말에 동의한다. 나만 봐도 그렇다. 내가 여행을 좋아하는 사람이다 보니 내 주변에는 여행을 좋아하는 사람이 많다. 그리고 대부분 여행 스타일도 비슷하다. 내 여행 스타일은 개월 단위로 떠나는 긴 여행을 좋아하고, 핫플레이스 보다는 유명하지 않은 시골의 유유자적한 곳을 좋아한다.

비슷한 점 하나가 더 있다. 내 주변에 여행을 좋아하는 친구들은 대부분 이미 장기 여행을 다녀왔거나 워킹홀리데이, 해외 취업과 같이 외국에서 길게 살아봤던 경험을 가지고 있다. 그리고 여전히 그들은 여행을 그리워하고, 고파한다.

얼마 전 만난 Y도 이 중 한 명이다. 캐나다 워킹홀리데이, 남미대륙 배낭여행, 동남아 배낭여행까지, Y도 20대의 절반을 길 위에서 보낸 친구다. 20대 후반에 해외 취업까지 진지하게 고민 했지만 한국에 한 회사에 입사해 지금까지 성실히 잘 다니고 있다.

우리는 만나면 자연스럽게 여행 이야기를 하게 되는데, Y는 조심스럽게 내게 물었다.
"이제 앞으로 떠날 계획은 없는 거야?"

난 이 질문을 기다렸다는 듯 답했다.
"너무너무 떠나고 싶지. 사실은 나 작년부터 계속 여행 가려고 했었어. 그때 비행기표며, 숙소까지 다 알아봤는데, 갔다 오기에는 걸리는 게 너무 많아서 미뤘어. 일도 그렇고, 돈도 그렇고 지금 여행을 다녀오면 여러 방면에서 타격이 클 것 같아. 이제는 떠나는 것보다 떠났다가 돌아와서의 삶부터 걱정되네.."

Y는 답했다.
"그래도 다행이다. 난 네가 하도 안 떠나길래 이제는

여행에 대한 마음이 없어진 줄 알았어. 너 제주도 다녀온 이후로 3년 정도 일만 하고 있잖아. 삶에서 여행을 지운 줄 알았어. 나랑 완전히 다른 사람이 되어 버린 건가 싶었어. 그래서 물어봤어."

그런 Y의 대답이 나에게는 예상 밖이었다. Y야말로 여행을 삶에서 잊고 사는 듯 보였다. 원하는 회사에 잘 다니고 있고, 좋아하는 운동도 꾸준히 하고 있고, 취미 생활도 적극적으로 하고 있고, 다양한 모임도 많아 보였다. 겉에서 보기에는 아쉬운 것 없는 30대의 싱글 라이프를 누구보다 즐겁게 즐기고 있는 것 같았다.

나는 Y에게 물어봤다.
"너는 어때? 넌 요즘에도 떠나고 싶어?"

Y는 조금 전보다 더욱 진지해진 목소리로 답했다.
"겉으로 티는 안 내지만 나는 마음속에 항상 꿈이 있어. '언젠가는 다시 꼭 떠난다.' 이 꿈 하나 가지고 현실을 살아가고 있어. 만약에 나한테 이 꿈이 없다면 난 진짜 여기서 못 견딜 것 같아. 오버하는 것처럼 들릴 수 있겠지만 난 진짜 살 이유가 없어. 언제 다시 떠날 수 있을지는 몰라도 꼭 다시 떠날 거야. 정말로."

10년 넘게 친구로 지내왔지만 Y가 여전히 여행을, 떠남을 이렇게나 절실하게 원하고 있는지 몰랐다. 삶의 이유가 여행이라는 그의 말이 내 마음속에 '툭-' 하고 내려앉았다. 최근 내 일상이 재미없다고, 무의미하다고 느꼈던 원인을 찾은 것 같았다. 난 요즘 온갖 이유를 다 갖다 붙여서 내 꿈을 지우고 살아왔던 것이다.

떠나고 싶다는 꿈을 외면하기 위해 나는 일부러 떠나지 말아야 할 이유를 찾았다. 그런데 돌아보면 언제나 떠나야 할 이유 보다 떠나지 말아야 할 이유가 훨씬 더 많았고, 그 효력도 강했다. 예전에는 그 강력한 이유들을 못 들은 채하고, 매번 떠났었다. 만약 당장 떠날 수 없었다면 '언젠가 꼭 떠날 거야'라는 이 한 줄을 품은 채 현실을 살아냈던 나였다.

요즘 내 가슴 속은 텅 비어 있다. 난 꿈을 먹고 사는 사람인데, 먹을 꿈이 없다. 내가 꿈을 갖는 이유는 언제일지 모를 미래를 위해서가 아니라, 지금 현재 나의 삶을 충실히 살아내기 위해서이다. 많은 이들이 취직, 승진, 이사와 같은 꿈을 꾸며 오늘의 하루를 견디고 살아내듯, 나 또한 '여행, 떠남'이란 꿈을 꾸며 오늘 하루를 견디고 살아냈었다.

 아직 나한테는 떠난다는 꿈만큼 나를 오늘 살게 하는 꿈은 없는 것 같다. 난 어쩔 수 없나 보다. 갑자기 비행기 티켓을 예매하고, 당장 배낭에 짐을 꾸려 떠날 수는 없더라도, 난 마음속에 언제든 떠날 수 있다는 비행기 티켓 한 장과 배낭 하나는 꼭꼭 넣어둔 채 살아야 하는 사람인가 보다.

 엔딩까지 여러 번 봐서 끝을 알면서도 몇 번이나 다시 보게 되는 영화가 있다. 끝이 보이지만 사랑할 수밖에 없는 사람이 있다. 내게 여행이 그렇다. 난 여행의 끝을 안다. 여행의 엔딩은 별거 없다. 여행은 끝나면 결국 제 자리이다. 그래도 난 여행이 좋다. 그래도 난 여행을 다시 하고 싶다.

이제 와 고백해 본다. 사실은 처음부터 내게 떠나야 할 이유, 떠나지 말아야 할 이유 그런 건 필요 없었다. 여행은 나에게 가장 오래된 꿈이었고, 여전히 내 안에서 살아 숨 쉬는 꿈이다. 어쩔 수 없다. 난 떠나야 하는 사람이다.

내가 찾은 열쇠

돌아보니 참 오랜 시간 방랑자로 살아왔다. '이곳을 떠나 저곳으로 가면 내 삶이 달라지지 않을까'하는 꿈을 배낭 가장 깊숙한 곳에 넣고 길 위를 헤매었다. 어떤 길은 그저 스쳐 지나갔고, 다른 어떤 길은 잠시 머물렀고, 또 다른 어떤 길 위에서는 '삶'이라는 한 글자를 붙여 살아보기도 했다.

그래서 정말,
'10년 동안 떠나고, 돌아오는 과정을 반복하며 내 삶은 달라졌을까?'
'그렇게 찾고 싶었던 삶의 정답을 찾았을까?'

두 발을 딛고 있는 땅은 네팔에서 호주로 48시간 만에 바꿀 수 있었지만, 내 삶은 10년을 헤매어도 쉽게 바뀌지 않았다. 내가 떠나도 세상은 그대로였다. 내 인생도, 나도 똑같았다. 떠났기에 찾은 것은 없다. 바뀐 것도 딱히 없다. 그토록 찾고 싶었던 꿈, 일, 사랑 이 중 하나도 떠난 곳에서 찾지 못했다.

 세계 어디를 가도 내 삶은 내 삶이었다. 지겨운 이곳을 떠나 새로운 저곳에 간다고 나란 사람은 바뀌지 않았다. 장소 하나 바꾼다고 사랑하지 않던 나 자신을 갑자기 사랑하게 되지 않았다. 낯섦, 새로움이 주는 설렘은 잠시뿐이었다. 내가 아닌 것들로 인한 설렘은 나를 바꿀 수는 없었다. 내가 아닌 것들로 나 자신을 좋아할 수는 없었다.

 낯선 길 위에서 난 왜 그토록 '꿈, 일, 사랑'과 같은 인생의 정답을 찾고 싶어 했을까. 나는 내 삶을 사랑할 수 있는 어떤 명분이 필요했다. '꿈, 일'과 같은 삶의 명분이 생긴다면 난 내 삶을 아낄 수 있을 것 같았다. 나는 나보다 나를 더 사랑해 줄 '사랑'을 찾으면 나란 사람 그 자체로 사랑받을 수 있을 거라 믿었다. 나는 나 스스로를 있는 그대로 사랑할 수 없다고 여겼기 때문에.

 아는 사람이 오직 나 하나뿐인 낯선 곳에 가서야 깨달았다. 타인의 사랑은 여행길 같다는 것을. 어떤 길은 그저 스쳐 지나가고, 다른 어떤 길은 잠시 머무르고, 또 다른 어떤 길 위에서는 '삶'이라는 한 글자를 붙여 살아보기도 한 것처럼. 타인의 사랑도 스쳐 지나가는지, 잠시 머무는지, 오래 머무는지의 차이일 뿐. 결국은 나를 떠나기 마련이다.

 오직 나를 향한 사랑은 타인에게는 없었다.
 타인은 자신의 사랑을 나에게 나누어 줄 뿐이었다.
 나를 위한 변치 않는 사랑은 오직 나만이 할 수 있는 것이었다.

 그러고 나니 10년 동안 내가 떠나고 돌아오는 삶을 반복할 수 있던 그 원동력이 무엇이었는지 궁금했다. '나는 어떻게 그렇게 또 떠나고, 다시 떠났을까?' 내가 찾은 답은 반전이었다. 내가 오랜 시간 방랑자로 살 수 있었던 원동력은 다름 아닌 '나를 사랑하는 마음'이었다. 내가 내 삶을, 나를 사랑하기에 가능한 것이었다.

어쩌면 나는 내 삶에 너무 진심이었나보다. 진심으로 내 삶을 살고 싶어서, 나를 좋아하고 싶어서 그래서 난 떠났다. 나 스스로를 미워했던 한 사람이 삶을 바꾸기 위해, 나를 좋아하기 위해 떠난 길이었지만 그 길은 알고 보니 이미 나를 사랑하고 있던 사람이 자신을 더욱 사랑하기 위해 떠난 길이었다.

10년 동안 길 위에서 내가 찾은 가장 귀중한 열쇠가 이제야 보인다.
그 열쇠에는 이 한마디가 쓰여있었다.

"이미 너는 너를, 너의 삶을 사랑하고 있었어. 그것도 아주 많이."

떠나서 알게 된 것들

~~~~~~~~~~~~~~

1. 떠나는 것이 내 삶의 정답은 아니었다.

2. 삶에는 내가 찾고 싶고, 찾으려고 노력해도 결코 찾을 수 없는 것이 존재한다.
   그것이 나의 것이라면 내가 어디에 있든 결국 나와 만난다.

3. 나는 우리 가족과 우리 집을 무척 사랑한다.
   하지만 그 사랑을 떠났을 때의 나를 아주 많이 좋아하는 모순적인 인간이다.

4. 돌아갈 곳이 있기에, 날 기다려주는 사람이 있기에 난 떠날 수 있다.

5. 세상에는 목적 없는, 이유 없는 떠남도 존재한다.
   떠남을 이해하지도, 이해받지 않아도 된다.

6. 떠날 사람은 떠난다.

7. 여행은 장소를 떠나는 것인 줄 알았는데, 사람을 떠나는 것이었다.

8. 만남과 이별은 비례한다.
   만남이 있으면 그만큼의 이별이 있다.

9. 실패하는 여행은 없다.

10. 삶과 여행은 닮았다.

[에필로그] 나의 무대

현재 나의 방랑은 일시 정지 상태이다.
2022년 봄 제주살이를 마친 후, 2025년 여름인 현재까지 경기도 본가에서 지내고 있다.

얼마 전 가장 친한 친구는 문득 내게 이렇게 말했다.

"슬기야. 너는 여행을 하거나 새로운 곳에서 살 때 가장 너답게 사는 것 같아. 물론 당사자인 너는 힘든 순간도 많겠지만 내가 보기엔 그때 네가 참 멋져 보여."

다른 사람도 아니고 가장 친한 친구가 이렇게 말해주니 기분이 묘했다. 특히 "그때 네가 참 멋져"라는 말이 내 귓가에 맴돌았다. 정제된 글이나 멋진 사진으로만 내 삶을 바라본 사람이 아닌 내 삶의 역사를 속

속들이 알고 있는 그녀가 나를 멋지다고 말해주다니 왠지 모르게 가슴이 벅차올랐다.

그런데 솔직히 말해서 나는 낯선 곳을 방랑하는 나 스스로를 멋지다고 생각해 본 적은 없다. 나는 방랑하는 나 자신을 좋아했다. 그리고 내가 좋아할 수 있는 나의 모습을 만날 수 있는 무대 위라면 나란 사람을 좋아할 수 있을 거라고 믿었다. 그래서 떠나고, 또 떠났다.

하지만 평생 잊을 수 없는 짜릿한 경험도 여러 번 반복하다 보면 그 짜릿함은 둔탁해진다. 아무리 나를 찌르고 찔러도 예전과 같은 자극이 오지 않는다. 내게 여행이 그러하다. 이제는 여행을 해도 예전같이 마음에 쏙 드는 나를 만날 수 없다. 그리고 이제는 안다. 아무리 낯선 곳으로 떠나도 여행이라는 무대 위에서 내려오면 여행자라는 역할은 끝나기 마련이라는 것을.

그래서 앞으로는 떠나지 않는 것이냐고 물어보신다면, "저는 늘 떠나고 싶어요."라고 답할 것이다. 물론 예전처럼 당장이라도 터질 것처럼 부글부글 끓어오르는 뜨거운 마음은 없다. 다만 일상을 성실히 살아가면서도 내 마음속에는 '떠나고 싶다'라는 미지근한 한 줄이 사라지지 않는다.

지금 난 3년 동안 한 곳에서 같은 일을 하며 정착자인 척 살아가고 있다. 어제와 닮은 오늘, 오늘과 닮은 내일을 하루하루 살아가다 보니 내가 왜 여행자의 삶을, 여행을 놓지 못하는지 오히려 더욱 선명하게 깨달았다. 여행자의 역할을 맡았을 때 가장 나답다. 여행의 이유, 의미가 모두 없어진다고 해도, 난 여행자의 역할 그 자체를 진심으로 사랑하는 사람이다.

물론 나는 이곳에서 맡고 있는 부모님의 딸이라는 역할, 작가라는 역할, 글쓰기 강사로서의 역할을 좋아한다. 하지만 여행자라는 역할은 여행을 해야 주어진다. 글을 써야 작가이듯 여행자는 여행을 해야 한다. 고로 나는 그 역할을 다시 수행하기 위해 여행이라는 무대 위로 조만간 다시 올라갈 예정이다.

이제는 예전처럼 여행에 거창한 이유 따위는 붙이지 않는다. 붙이려고 해도 생각이 나지 않는다. 떠나는 이유는 상황에 따라, 때에 따라 다르다. 즐거움을 위해서, 무언가를 찾기 위해서, 도전을 위해서, 회피하기 위해서. 그게 뭐라도 상관없다. 확실한 것은 떠나야 하는 사람은 떠나게 된다는 것. 떠날 사람은 누가 뭐래도, 붙잡아도 결국 떠난다. 떠남은 어쩔 수 없는 것이다.

떠나는 이유가 다 다르듯 떠남의 모양도 제각기 다르다. 직장을 그만두고, 일상을 끊어내고 떠나야 여행이 아니다. 꼭 비행기를 타고 멀리 떠나야 여행이 아니다. 내가 만들고 싶은 삶의 모양에 알맞은 떠남을 택하면 그만이다. 혼자여도 좋고, 함께여도 좋다. 짧아도 좋고, 길어도 좋다. 힘들면 중간에 돌아와도 좋다.

당신이 떠나려는 이유도, 떠나는 모양도 그게 어떻든 상관없다.
그것이 무엇이든 괜찮다.

다만 '내'가 원하는 떠남이라면,
그것이 나다운 것이라면,
그곳이 나의 무대라면,
그 길이 나의 여정이라면,
그러면 충분하다.

떠날 사람은 떠난다.
당신의 떠남을 설명하지 않아도 된다.
그저 지금까지 걸어온 당신의 발걸음을 후회하지 않기를,
앞으로 나아갈 당신의 발걸음을 믿어주기를,
간절히 응원한다.

-당신의 동행자, 이슬기 드림-

떠나면 달라질까

초판 1쇄 인쇄 2025년 9월 24일
초판 1쇄 발행 2025년 9월 24일

지은이   이슬기

디자인   포레스트 웨일
펴낸이   포레스트 웨일
펴낸곳   포레스트 웨일
출판등록   제2021 - 000014 호
주소   충청남도 아산시 탕정면 용머리길 40 유니콘101 216호
전자우편   forestwhalepublish@naver.com

종이책   979-11-94741-49-7

ⓒ 포레스트 웨일 | 2025
· 이 책은 저작권법에 의하여 보호받는 저작물이므로 무단 전재와 복제를 금합니다.
· 이 책 내용의 전부 또는 일부를 이용하려면 사전에 저작권자와 포레스트 웨일의 서면 동의를 얻어야 합니다.

작가님들과 함께 성장하는 출판사
포레스트 웨일입니다.
작가님들의 소중한 원고를 받고 있습니다.
forestwhalepublish@naver.com